国企经营管理中风险防控及对策研究

莫毅君 著

天津出版传媒集团
天津科学技术出版社

图书在版编目（CIP）数据

国企经营管理中风险防控及对策研究 / 莫毅君著. -- 天津：天津科学技术出版社，2023.8
ISBN 978-7-5742-1496-5

Ⅰ.①国… Ⅱ.①莫… Ⅲ.①国有企业-企业管理-风险管理-研究-中国 Ⅳ.①F279.241

中国国家版本馆CIP数据核字(2023)第143066号

国企经营管理中风险防控及对策研究
GUOQI JINGYING GUANLI ZHONG FENGXIAN FANGKONG JI DUICE YANJIU

责任编辑：田　原
责任印制：兰　毅

出　　版：	天津出版传媒集团 天津科学技术出版社
地　　址：	天津市西康路35号
邮　　编：	300051
电　　话：	（022）23332377
网　　址：	www.tjkjcbs.com.cn
发　　行：	新华书店经销
印　　刷：	河北万卷印刷有限公司

开本 710×1000　1/16　印张 15.75　字数 210 000
2023年8月第1版第1次印刷
定价：88.00元

前 言

企业的经营管理如同航行的船只，风险则是波涛起伏的大海，经营管理风险防控就如同在这片海域中安全航行。在当今这个全球化、信息化、网络化快速发展的时代，经济活动的复杂性和不确定性日益增强，企业经营管理风险也随之呈现出新的特征和挑战。特别是对于国有企业来说，由于其在国家经济社会发展中的重要地位和特殊角色，其经营管理风险防控工作不仅关乎企业自身的生存与发展，更直接影响到国家经济安全、社会稳定以及公众利益。

国有企业作为国家经济的重要支柱，其稳定、健康的发展对于国家经济安全和社会稳定至关重要。而在当前的复杂多变的经济环境下，国有企业经营管理风险的防控工作面临着许多新的挑战。如何在这个背景下，构建一个科学、有效的风险防控体系，提升国有企业的风险防控能力，是亟待解决的课题。本书通过深入研究国企经营管理中的风险防控及对策，旨在提供一套理论和实践相结合的风险防控框架，为国有企业的风险防控工作提供参考和指导。同时也希望通过这个研究，引发更广泛的社会关注和讨论，推动国有企业风险防控工作的理论研究和实践创新。

本书共分为七个章节，第一章从国有企业经营管理风险的相关介绍出发，深入探讨了国有企业经营管理的特点、风险的表现和成因。同时，对于风险类型的全面分类和归纳，有助于读者更具体、更深入地理解风险的本质。在风险防控的策略工具方面，还介绍了现有的一些有效方法，并尝试为读者提供一些新的视角和思考。

第二章进一步探讨了国有企业经营管理风险防控的价值意蕴，包括保障国家安全和稳定、维持企业经营与发展以及提高企业社会信任度等方面。这也是国有企业风险防控工作的最终目标和价值所在。

第三章到第五章聚焦于国有企业风险防控的三个关键环节：事前防范、事中控制和事后应对。在事前防范中提出了加强投资项目可行性研究、制定合理的风险分级标准以及搭建数字化风险预警系统等建议。在事中控制环节探讨了如何做好风险的传导和全面监控，以及如何建立科学的风险内控管理体系，同时，也强调了风险管理思维的转变。在事后应对环节重点介绍了经营管理风险事件的应急机制建设，风险管理评价体系建设以及风险管理评价结果的应用等内容。

第六章为了更有效地进行风险防控，深入研究了国有企业经营管理风险防控保障体系的优化策略。其中，组织保障主要是优化国企经营管理决策体系；人才保障则关注国企风险管理人才队伍的建设；而监管保障则更多地看重国企内部审计与外部监管体系的健全。

在本书的最后一章，从未来视角出发，探讨了国企风险防控的发展趋势，包括数智化升级、系统化管理以及模式创新等方向。在这个信息化、智能化的时代，国有企业的风险管理工作也必须与时俱进，以应对未来更加复杂多变的风险环境。

在这个风险和机遇并存的时代，希望本书的内容能对国有企业的风险防控工作有所启发，对相关的理论研究和实践创新有所推动，为国有企业的风险防控工作注入新的活力，对国家经济社会发展做出更大的贡献。

目 录

第一章 国企经营管理风险相关介绍 / 001
 第一节 国企经营管理的特点、风险表现与成因 / 003
 第二节 国企经营管理风险的类型 / 015
 第三节 国企风险管理及策略工具 / 026

第二章 国企经营管理风险防控的价值意蕴 / 041
 第一节 保障国家安全和稳定 / 043
 第二节 维持国企经营与发展 / 050
 第三节 提高企业社会信任度 / 055

第三章 事前防范：国企经营管理风险识别与预警 / 061
 第一节 加强投资项目可行性研究和尽职调查 / 063
 第二节 制定合理的风险分级标准 / 093
 第三节 搭建数字化风险预警系统 / 101

第四章 事中控制：国企经营管理风险监测与控制 / 113
 第一节 经营管理风险传导与全面监控 / 115
 第二节 建立科学的风险内控管理体系 / 138
 第三节 转变风险管理思维 / 145

第五章　事后应对：国企经营管理风险应急与整改　/　149
　　第一节　国企经营管理风险事件应急机制建设　/　151
　　第二节　国企风险管理评价体系建设　/　162
　　第三节　国企风险管理评价结果的应用　/　175

第六章　国企经营管理风险防控保障体系优化　/　189
　　第一节　组织保障：优化国企经营管理决策体系　/　191
　　第二节　人才保障：建设国企风险管理人才队伍　/　198
　　第三节　监管保障：健全国企内部审计与外部监管体系　/　209

第七章　未来国企风险防控的发展趋势　/　219
　　第一节　数智化升级　/　221
　　第二节　系统化管理　/　228
　　第三节　风险防控模式创新　/　234

参考文献　/　240

第一章　国企经营管理风险相关介绍

第一章　国企经营管理风险相关介绍

企业经营管理风险是影响国有企业健康发展的关键因素之一。因此，深入了解国企经营管理的特点、风险表现与成因，探讨其风险类型及风险管理策略，对于提高国有企业的抗风险能力具有重要意义。本章首先介绍了国企经营管理的特点、风险表现与成因。然后从外部与内部两大视角介绍具体国企经营管理风险类型。这些风险类型相互影响，共同影响国企的经营效益。最后介绍了国企风险管理及策略工具。为后面的研究奠定了理论基础。

第一节　国企经营管理的特点、风险表现与成因

一、国有企业介绍

国有企业（以下简称"国企"），是指国务院和地方人民政府分别代表国家履行出资人职责的国有独资企业、国有独资公司以及国有资本控股公司，包括中央和地方国有资产监督管理机构和其他部门所监管的企业本级及其逐级投资形成的企业。

在我国，按《中华人民共和国企业法人登记管理条例》登记注册，资产的投入主体是国有资产管理部门的，就是国企。

国企作为一种生产经营组织形式，既具有商业性质，也具有公益性质。商业性表现在国企需要追求国有资产的保值和增值，以维护国家经济利益和提高国有资本效益；而公益性则体现在国企的设立通常是为了实现国家调节经济、平衡各个领域发展的目标。因此，在现代

社会经济体制中,国企扮演着举足轻重的角色,承担着实现国家经济战略、保障国家安全、稳定发展以及提升国家竞争力等多重使命。在中国特色社会主义的道路上,国企既是国民经济发展的中坚力量,也是社会主义市场经济体制的重要支柱。

随着改革开放以及社会主义市场经济体制的逐步建立和完善,国企经历了一系列深刻的变革,包括国企的产权改革、经营机制改革、公司制改制等。这些变革使国企逐步摆脱了过去经济体制的束缚,为其发展注入了新的活力。于是,国企在市场竞争中与民营企业、外资企业展开了激烈竞争,不断提高经营效益和市场份额,同时加强自身创新能力,以适应国际竞争的挑战。

当前,在全球化的背景下,国企也在积极扩大国际合作与交流,开展"走出去"战略,加强与国际市场的融合。国企逐渐走上了国际舞台,参与国际竞争与合作,为国家的对外经济合作和贸易发展做出了重要贡献。此外,国企还在积极履行社会责任,参与扶贫、教育、环保等公益事业,为全体人民谋求福祉。

二、国企经营管理特点形成的影响因素

要了解国企经营管理的特点,首先要掌握这些特点的成因。在此以民营企业(以下简称"民企")作为参照,相比之下,国企经营管理特点的形成具有深厚的历史根源和独特的现实背景。具体表现在历史进程、经营机制、所有制关系和资源渠道等方面,这些差异使国企的经营管理自成一脉。

在历史进程方面,国企的发展脉络可以追溯到 20 世纪 50 至 60 年代,当时的国外技术工艺和管理标准对国企产生了深远的影响。自 20 世纪 80 年代以来,国企在规范企业管理方面取得了显著成果,例如量本利分析、QC 小组(质量控制小组)和现场规范等措施,在国企日常管理中发挥着重要作用。然而,计划经济时代的人才配置和薪酬福利待遇对国企的人力资源管理产生了持续影响。

在经营机制方面，国企往往需要在追求经济效益与履行社会责任之间寻求平衡。相较于民企，国企在市场竞争中往往拥有更为庞大的组织体系和多层次的管理结构，这使得国企在决策和行动上显得相对缓慢和保守。民企是市场经济的产物，具有更为灵活的经营模式和敏锐的市场嗅觉，这为国企的改革提供了借鉴和启示。

在所有制关系方面，国企的经营动机和职业操守受到国有资产保值增值的要求制约，这使得国企在管理伦理和价值观方面与民企存在显著差异。相比之下，民企追求的是投资者收益，因此在经济结果和人力资源管理方面更加讲究效益。不过这种差异并不一定是对立存在的，国企或可在坚守国有资产的基础上，积极寻求经营和管理模式的创新，提高经济效益和社会效益的协同发展。

在资源渠道方面，国企在政策环境、金融环境、市场资源等方面具有先天优势。这一优势使国企在房地产、金融贷款、信用等级等领域具有更为明显的竞争力。然而，在市场经济不断深化的背景下，国企也需要在保持结构性优势的同时，加强市场化改革，提高自身竞争力。国企需充分利用政策环境、金融资源等方面的优势，积极拓展市场份额，提高市场竞争力。与此同时，国企也需要关注社会文化资源、科技资源等方面的开发利用，以适应经济社会发展的新需求。

三、国企经营管理的特点

在历史进程、经营机制、所有制关系和资源渠道的影响下，国企经营管理形成了具有以坚持和加强党对国企的领导为特色的管理组织结构、以落实民主集中制为原则的集体决策机制、以党委会前置研究为特色的权责分工这三大特点的经营管理体系，如图1-1所示。

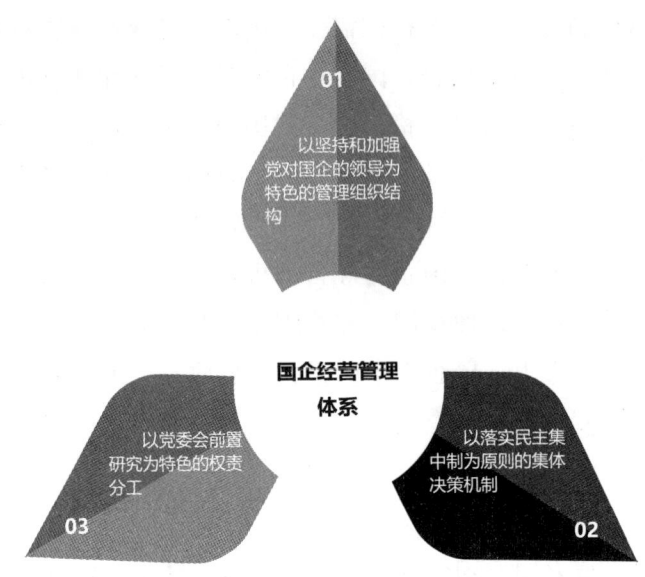

图 1-1 国企经营管理的特点

（一）以坚持和加强党对国企的领导为特色的管理组织结构

在国企的经营管理中，坚持和加强党的全面领导是一直以来的坚持。在《三年行动改革方案》中，国资委要求明确党组织在国企法人治理结构中的法定地位，将党建工作总体要求纳入国企章程，明确党组织在企业决策、执行、监督各环节的权责和工作方式，使党组织成为企业法人治理结构的有机组成部分。采取的方式是把全面落实党建工作总体要求写入国企章程。

在不断发展的国企体制中，党的领导成为国企稳定发展的基石，更是驱动企业不断改革创新的动力源泉。党在国企中具有领导地位，贯穿于国企的各个层面。这一点从国企的管理组织结构即可看出，国企拥有党委会和纪律检查委员会这两个具有国企特色的组织机构，这是根据对经营运作的管理权及责任而划分的组织结构管理组织；管理结构的控制是通过业务汇报线、业绩考核和关键岗位的任免机制实现的。

1. 党委会

党委会作为国企最高领导机构,发挥着至关重要的领导作用,承担着指导企业方向、管理大局、保障落实等重大责任。

具体包括以下职责:负责监督企业贯彻执行党和国家的方针政策,以及上级组织和公司的决策、决定;在处理国家、企业和职工之间的利益关系时,坚持依法经营和公平竞争,确保国有资产的保值增值和企业的科学发展,同时维护企业的生产、经济和政治安全;通过法定程序参与企业重大问题的决策,支持行政领导班子依法行使职权;在党员干部和全体员工的思想政治教育方面,组织大家认真学习马克思列宁主义、毛泽东思想、邓小平理论、"三个代表"重要思想、科学发展观、习近平新时代中国特色社会主义思想,以此来武装头脑,建设学习型党组织和企业;负责企业经营管理人员的选拔、教育、培养、考核和监督;对党员领导干部进行民主评议;研究决定所属党组织负责人的考核和党员的奖惩;领导企业人才工作,建立和完善人才管理制度。还需围绕公司发展战略,加强党的政治、思想、组织、作风、纪律建设,深入推进反腐败斗争;领导企业的工会、共青团等群团组织,支持他们依法按章程开展工作,并积极做好统一战线工作;审批所属党组织的机构设置、换届选举及成员职务的任免,制订党建工作年度目标计划,将目标任务进行系统分解落实。每年底进行总结和考核,并接受上级党组织的检查和考核;坚持和完善党建和思想政治工作会议制度,每季度召开一次党建和思想政治工作会议,对党建和思想政治工作情况进行分析、梳理,有针对性地做好各项工作;负责制订党员教育和发展计划,对党员进行民主评议,保证党组织的先进性和纯洁性;积极推动企业文化建设,培育企业精神,弘扬社会主义核心价值观,提高员工的思想觉悟和道德水平;关心职工的生活,解决员工合理诉求,推动企业营造和谐稳定的劳动关系。通过组织开展丰富多彩的文体活动,增强员工的凝聚力和向心力,为企业的持续发展创造良好的内部环境。

2. 纪律检查委员会

纪律检查委员会则是国企内部的纪律监督机构，负责对企业员工的廉洁自律、党风廉政建设进行监督和管理。纪律检查委员会的存在，确保了国企在经营管理过程中始终保持清正廉洁的作风，杜绝腐败现象的发生，维护国有资产的安全。在企业治理结构中，党委会和纪律检查委员会的设立，有力地保证了国企的稳定发展。

具体的职责包括协助处理党组织和党员、党员领导干部违反党纪的案件，依法依规进行查处；负责调查分析企业党风廉政状况，及时提出加强党风廉政建设的建议，抵制和纠正各种损害党和国家利益的不正之风；与党委有关部门紧密配合，制定党风和廉政建设规划，参与党员、党员干部的评议考核以及企业党风党纪检查工作，督促检查党风廉政建设责任制和廉政措施的落实；负责对企业党组织和党员进行党性、党风、党纪教育，以增强党组织和党员在市场经济中拒腐防变的能力；受理企业党组织、党员和群众在党的纪律和党风方面的检举、控告、申诉及建议、反映等；负责保护企业党员按党章规定享有的权利和其他合法权益，支持党的组织和党员同违法乱纪行为和不正之风进行斗争；指导下级党组织和专职、兼职纪检委员开展工作，对本企业纪检干部进行政治、业务培训，不断提高干部素质；承办上级纪委和企业党委交办的党风党纪工作事项等。

（二）以落实民主集中制为原则的集体决策机制

国企在决策机制上显著区别于民企的一个重要特点是其集体决策机制。根据国资委下发的《"三重一大"事项集体决策制度》，国企在重大事项决策、重要人事任免、重大项目安排和大额资金使用事项的决策过程中，必须遵循以下原则：

1. 集体决策

坚持集体决策在国企决策授权中尤为明显，对于重要事项的决策者往往是"董事会",而非"董事长"。这与民企的决策模式形成鲜明对比,民企的最高决策者往往是个人——"董事长"。

2. 依法决策

坚持依法决策意味着国企在决策过程中必须遵循国家法律法规、党内规章制度及集团相关规定,确保各项决策合规。

3. 民主决策

坚持民主决策要求国企正确处理民主与集中的关系,执行民主集中制。国企的决策过程按照"集体领导、民主集中、个别酝酿、会议决定"的要求进行,保证权力的正确行使。这也解释了为什么国企的会议较为繁杂,管理者们基本上从上班到下班都在开会,长期存在会议管理痛点。

4. 科学决策

坚持科学决策是以科学发展观为指导,国企在决策过程中要解放思想,实事求是。为提高决策的科学性,国企需要在决策的调研、论证程序、执行、监督等关键环节上下功夫,有效防范决策风险,避免决策失误。

5. 规范决策

坚持规范决策指国企领导班子和领导干部要按照议事规则和各自职责、权限进行决策。虽然民营国企也有决策规范和制度要求,但在实际执行过程中,往往表现为"老板说了算"。国企的实际管理中,虽然也存在"一把手工程"的现象,但这与民企的性质有着本质区别。

以落实民主集中制为原则的集体决策机制确保了国企在重大事项决策过程中实现集体领导、民主集中、个别酝酿和会议决定,使得国企在决策过程中能够在广泛听取意见的基础上,充分调动各方的积极性和创造力,达成共识,并在集体智慧的支持下做出科学、合理的决策。同时,这一决策机制在一定程度上可以避免个人主义和权力寻租现象,有利于维护国家利益和国企的长远发展。

（三）以党委会前置研究为特色的权责分工

国企经营管理的第三个特点是以党委会前置研究为特色的权责分工。党委会研究讨论作为董事会、总经理办公会研究决策重大问题的前置程序，体现了国企在落实"两个一以贯之"要求中，将党的领导与公司治理有机地统一起来的重要制度安排。

在国企中，党委会前置研究讨论旨在谋全局、议大事、抓重点，站在政治高度进行研究讨论，避免干涉国企日常经营管理活动。党委会不应以研究讨论替代董事会或经理层的决策职责，反之亦然。总之，党委会前置研究的目的是确保国企做正确的事，而董事会或经理层决策则是为了确保正确地实施这些事项。

前置研究的具体事项因国企而异，每个国企需要明确自身的边界。党委会、董事会和经理层在对待重大事项的研究和决策上可能存在不同的理解和争议，这是一种普遍现象。这种现象的原因主要在于信息不对称、不同的立场以及看问题的角度不同等因素。因此，三者之间必须相互支持、配合和互信，以确保国企的正常运转。

根据总结梳理的国企党委前置研究讨论重大经营管理事项清单，主要内容包括"三重一大"，具体如下：

1. 重大决策

国企重大决策涉及公司的战略规划、体制机制、年度计划、经营管理、资产管理和资本运作。

（1）战略规划：战略规划是公司长期发展的蓝图和指导方针。涉及公司的市场定位、产品策略、技术创新、合作伙伴等方面的规划。例如，公司需要制定五年、十年甚至更长期的发展战略，以便在市场竞争中取得主动。

（2）体制机制：体制机制包括公司及子公司的章程、各项管理制度等，是确保公司正常运作的基础。这些制度需要符合国家法律法规及行业规范，同时需要不断完善和优化，以适应市场变化和公司发展需要。

（3）年度计划：年度计划是公司一年内的经营目标和工作安排，包括财务预决算方案、年度经营目标和经营计划、重大事项工作计划等。年度计划需要结合公司战略规划和市场变化进行调整，以保证公司的稳健发展。

（4）经营管理：经营管理涉及公司经营业绩考核目标与绩效方案、重大会计政策、风险管控相关报告等。这些内容需要充分考虑公司的经营状况、市场环境、竞争态势等因素，以确保公司经营活动的合规性、高效性和安全性。

（5）资产管理和资本运作：资产管理和资本运作包括国有资产转让、产权变动等。国企作为国有资产的代表，需要在资产管理和资本运作方面严格遵循国家法律法规和政策要求，确保国有资产的保值增值。

2. 重要人事任免

国企重要人事任免包括集团主要领导人的任免、集团直管领导人的任免，以及其他人事工作。

（1）集团主要领导人的任免：集团主要领导人是公司发展的决策者和组织者，他们的任免对公司的战略方向、管理风格等方面具有重要影响。

（2）集团直管领导人的任免：集团直管领导人负责公司各个业务板块或职能部门的工作，他们的任免关系到公司各个部门的运作和整体效率。

（3）其他人事工作：其他人事工作包括人员层级体系、外派交换、国企年金管理、招聘计划与人才引进、人才梯队建设等。这些内容涉及公司人力资源的配置、激励和培养，对公司发展具有重要影响。

3. 重大事项安排

国企重大事项安排涉及固定资产投资、长期股权投资、融资、担保。

（1）固定资产投资：固定资产投资涉及公司基础设施、生产设备等方面的投资。这些投资对公司的生产能力、技术水平和市场竞争力具有重要作用。在进行固定资产投资时，公司需要结合自身发展战略和市场需求进行科学合理的规划和安排。

（2）长期股权投资：长期股权投资主要涉及公司对外投资、设立合资国企等。通过长期股权投资，公司可以拓展业务范围、提高市场份额，同时获取新的技术、管理经验等。在进行长期股权投资时，公司需要充分评估投资项目的风险和收益，确保投资的安全性和有效性。

（3）融资：融资是公司获取资金的重要途径。融资活动包括发行股票、债券、银行贷款等。在进行融资活动时，公司需要根据自身资金需求和市场条件选择合适的融资方式，并确保融资成本在可接受范围内。

（4）担保：担保是公司为其他主体提供信用支持的一种经济行为。在提供担保时，公司需要充分评估被担保主体的信用状况和还款能力，以降低担保风险。

4. 大额资金运作

国企大额资金运作包括某金额以上的大额资金运作（每个公司数额不同），以及对外捐赠或赞助。

（1）大额资金运作：大额资金运作通常涉及公司投资、兼并、重组等活动。在进行大额资金运作时，公司需要充分考虑项目的风险和收益，以确保资金的安全和效益。每个公司对大额资金运作的界定标准可能不同，需根据公司实际情况制定。

（2）对外捐赠或赞助：对外捐赠或赞助是公司履行社会责任的一种方式。在进行对外捐赠或赞助时，公司需要遵循国家法律法规和政策要求，确保捐赠或赞助的合法性和透明度。

总之，在国企中，党委会前置研究讨论的制度安排确保了党的领导与公司治理的有机统一。通过对重大决策、重要人事任免、重大事项安排和大额资金运作等方面进行党委会前置研究讨论，国企能够更好地实现落实民主集中制为原则的集体决策机制，进而确保在复杂多变的市场经济环境中实现稳健、有序地发展。在国企实际经营管理中，党委会、董事会和经理层三者应相互支持、配合和互信，共同确保国企做正确的事并正确地实施这些事项。这既是国企在落实"两个一以贯之"要求中的重要制度安排，也是国企在适应市场经济环境中不断提高自身竞争力、增强发展活力的关键所在。

四、国企经营管理风险的表现与成因

（一）国企经营管理风险的表现

国企经营管理风险是指在国企的运营和管理过程中，由于各种内外部因素的影响，可能对国企的经营目标、财务状况、市场竞争力、声誉等方面产生不利影响的潜在风险。这类风险涵盖了国企决策、内部管理、法律法规遵从、财务资金配置等多个方面。国企经营管理风险表现在对国企的影响上，不仅可能阻碍国企实现既定经营目标，还可能损害国企的声誉、财务状况以及市场竞争力。

例如，国企经营管理风险可能导致国企战略决策失误，从而影响国企在市场中的定位和竞争力。例如，国企可能由于对市场趋势判断失误、产品策略不当等原因，在市场竞争中处于不利地位。此外，由于国企与政府部门的关系较为密切，国企在应对政策变化方面可能面临更高的挑战。

国企经营管理风险可能对国企财务状况产生不利影响。如资信调查不实、审查论证失策等原因可能导致国企在合作、投资等方面承担不必要的风险，进而影响国企的资金安全和信誉。同时，国企内部的财务管理不善，如财务报告失真、内部审计不力等，也可能给国企带来潜在的财务风险。

国企经营管理风险还表现在法律法规遵从不足可能导致国企面临

法律纠纷、罚款等方面,损害国企的声誉。同时,国有资产流失和受损也是国企经营管理风险的重要表现之一,可能导致国家利益受损和国企价值的流失。

(二)国企经营管理风险的成因

国企经营管理风险的成因是多方面的,最主要的原因来自国企经营管理的过程。前面介绍过国企在经营管理方面具有一定特点,主要体现在坚持和加强党对国企的领导为特色的管理组织结构、以落实民主集中制为原则的集体决策机制、以党委会前置研究为特色的权责分工这三个方面。

然而,机遇和挑战往往是并存的,这些特点符合国企发展的需求,也是国企发展的必然选择,但也在一定程度上也导致了一些风险的产生,不过风险未必意味着是问题,充分认识风险,理解风险的成因,做好风险防控,就能更好地实现国企可持续经营与科学管理。

在管理组织结构方面,国企是国家战略性资产,党对国企的领导起到了关键作用。这种领导确保国企能够遵循国家的整体战略发展方向,有效地推动国家经济的发展。然而,如果过分强调政治领导,就可能导致国企管理过程中出现政治化倾向,影响国企的市场化经营。在市场经济体系下,国企需要根据市场需求和竞争环境来调整自身的战略和经营策略。当政治因素在国企经营决策中占据主导地位时,可能使国企过于关注政治任务的完成,而忽视对市场变化的敏感性和应对能力。这种情况在长期发展过程中可能削弱国企的竞争力,限制其在市场中的发展潜力。

在集体决策机制方面,民主集中制的原则有利于充分发挥党组织在决策中的作用,确保决策的科学性和合理性。通过集体讨论和审议,决策过程中可以充分考虑各种因素和利益相关者的意见,从而提高决策的质量。然而,如果过度依赖集体决策可能导致决策过程过于烦琐,影响决策效率。在市场竞争日益激烈的情况下,国企需要更加迅速地做出决策，以应对市场变化。此外，集体决策也可能导致责任不明确，降低决策质量。当出现问题时，由于责任分散在多个决策者身上，可能导致没有人承担相应的责任，从而影响国企的治理效果。

最后，在权责分工方面，国企的党委会前置研究起到了关键作用。这一特点使得党组织在国企经营管理中发挥主导作用，有利于国企更好地实现国家战略目标。然而，如果过分强调党委会前置研究可能使国企管理层的权力受到限制，影响其在日常经营管理中的判断和决策能力。此外，过分的政治干预可能导致国企管理层过于关注政治任务的完成，而忽视国企的市场竞争力。

第二节 国企经营管理风险的类型

一、国企经营管理外部风险类型

（一）市场变化风险

市场变化风险对国企经营管理的影响是多方面的，主要表现在市场需求波动、价格波动、行业竞争加剧以及金融市场风险等方面。这些风险不仅增加了国企运营的不确定性，还可能导致国企利润下滑甚至倒闭。

1. 市场需求波动

市场需求波动可能来自消费者行为的变化、宏观经济走势的影响等多种因素，有一定概率会导致国企产能利用率下降，盈利水平下滑，甚至可能诱发债务危机。例如，部分工业品曾经市场需求旺盛，但随着经济下行，市场需求骤减，国企如果生产过剩，库存积压，就可能导致亏损严重。

2. 价格波动

价格波动可能源于原材料价格、汇率和利率等因素的变动。这些价格波动不仅会影响国企的成本结构，还可能对国企的收益产生重大影响。以化工类国企为例，如果原材料价格上涨，就会导致生产成本增加，而一旦产品价格受市场竞争压力无法上调，就会连带导致利润受损。

3. 行业竞争加剧

随着国际市场的开放和技术进步，国内外竞争对手不断涌现，国企面临的竞争压力日益加大。竞争加剧可能导致国企市场份额下降、品牌影响力减弱，进而影响国企的经营业绩。

4. 金融市场风险

金融市场风险也是国企在市场变化中需重点关注的问题。金融市场风险包括利率风险、汇率风险等。例如，国企在国际市场上融资，可能面临汇率波动带来的资本损失风险。当汇率波动较大时，国企可能需要支付更高的贷款利息，甚至可能导致国企资金链断裂。

值得注意的是，市场变化风险之间可能相互影响、相互加剧。例如，市场需求下降可能导致价格下跌，从而加剧国企的利润下滑；同样，行业竞争加剧可能引发产品价格下跌，进一步影响市场需求。这些相互关联的风险对国企经营管理构成了更为复杂的挑战。

（二）政治风险

政治风险是国企跨国经营过程中不容忽视的外部风险之一，对国企的生存和发展产生重大影响。政治风险主要包括国企运营所在国家的政治稳定性、商品准入制度以及反倾销等方面带来的风险。

1. 政治稳定性

政治稳定性对国企跨国经营具有重要意义。在一个政治稳定的国家，国企可以更好地开展经营活动，享受相对稳定的政策环境和法律保障。然而，在政治动荡的国家，国企可能面临政策突变、财产安全风险以及员工人身安全等问题。

2. 商品准入制度

不同国家对商品准入的规定各不相同，有的国家可能实行较为严格的进口限制,这可能导致国企在进入市场时面临较高的贸易壁垒。以农产品为例,如果目标出口国家制定严格检疫标准和进口限制,国企则可能无法将产品顺利出口,从而影响了国企的跨国业务拓展。

3. 反倾销

在国际贸易中,反倾销是为了保护本国产业免受外国产品倾销的不公平竞争。一旦国企产品被投诉倾销,所在国家可能会对产品征收高额的反倾销税,这将直接影响国企的出口利润和市场竞争力。

(三)信用风险

信用风险主要包括外部信用评级机构对国企的低信用评价给公司带来的金融风险,以及客户信用变化给国企带来的支付风险等。信用风险可能导致国企融资成本上升、市场信誉受损,还可能影响国企与合作伙伴之间的业务往来。

1. 外部信用评级机构的低信用评价

外部信用评级机构对国企的低信用评价带来的金融风险是国企在经营管理中必须关注的问题。信用评级机构通过对国企的财务状况、经营战略、市场竞争力等多方面进行评估,为国企的信用状况提供参考。当国企的信用评级较低时,可能导致国企融资成本上升,甚至无法获得贷款,影响国企的资金筹集能力,这无疑会给国企的经营带来极大的压力。

2. 客户信用变化

国企在与客户建立业务合作关系时,可能会因客户的信用变化而面临支付风险。如果客户信用状况恶化,可能导致国企货款回收困难,进而影响国企的现金流和盈利能力。比如,某国企与一家境外客户签订了大额订单,但在交易过程中,客户信用状况突然恶化,无法按时支付货款,使得国企面临严重的资金压力,最终陷入债务危机。

信用风险在国企经营管理中的表现形式多样,可能涉及国企的融资、业务往来以及市场信誉等方面。对于国企而言,应对信用风险是保持经营稳定、实现可持续发展的重要课题。国企在经营管理过程中，需要充分认识到信用风险的严重性，加强风险防范，确保国企的信用状况始终保持在一个较好的水平。

（四）信息安全风险

国企经营管理过程中的信息安全风险主要指电脑病毒、信息系统安全漏洞等对国企信息资料、信息系统带来的安全风险。在当今信息技术高度发达的时代，信息安全风险已成为国企面临的重要挑战之一，可能导致国企数据泄露、信息系统瘫痪等严重后果，进而影响国企的正常经营和市场信誉。

1.电脑病毒

国企的计算机系统和网络设备可能会受到各种病毒、恶意软件的攻击，导致系统崩溃、数据丢失或泄露等严重问题。一旦国企的内部网络在病毒攻击中受到感染，则很可能导致生产数据丢失，影响生产进度和产品质量。此外，由于病毒攻击导致的数据泄露，国企的核心商业机密和客户信息也面临泄露的风险，进一步损害国企的市场竞争力和客户信任。

2.信息系统安全漏洞

随着国企务的扩展和信息化建设的推进，国企对信息系统的依赖程度越来越高。然而，信息系统可能存在各种安全漏洞，黑客或其他恶意攻击者可能利用这些漏洞对国企的信息系统进行攻击，获取国企敏感数据或者破坏国企的信息基础设施，进而影响国企的生产调度、物流管理等关键业务环节。

3.社交工程手段

信息安全风险还可能通过社交工程手段，对国企的信息资料造成威胁。社交工程攻击是一种利用人际交往中的心理漏洞，诱使员工泄露敏感信息的攻击手段。例如，某国企的一名员工在接到一个虚假电话后，被欺骗泄露了国企内部的重要文件，使得国企的关键商业信息落入竞争对手手中，对国企的市场地位造成严重损害。

值得关注的是，信息安全风险可能对国企的供应链管理造成影响。国企在与供应商、分销商等合作伙伴建立业务往来时，信息安全风险可能通过供应链传播，影响整个供应链的稳定性。国企在经营管理过程中，需要充分认识到信息安全风险的严重性，从而加强风险防范和应对措施。

二、国企经营管理内部风险类型

（一）战略管理风险

对于国企而言，选择合适的战略方向、市场定位、产品定位以及商业模式至关重要。一旦在这些方面出现失误，可能会给国企带来巨大的经营风险，甚至导致整体失败或倒闭。

国企战略管理风险的表现主要体现在以下几个方面：

一是战略方向失误。战略方向是国企发展的核心，如果选择了错误的战略方向，可能会导致国企资源投入无法产生预期的效果，从而陷入困境。假设在市场竞争激烈的行业选择了高速发展策略，就可能导致国企资源紧张、负债累累，最终陷入困境。

二是市场定位错误。市场定位决定了国企在市场中的竞争地位。错误的市场定位可能使国企无法满足消费者需求，导致销售滞后。假如将高端产品定位在低收入人群市场，就可能导致产品滞销，影响国企盈利。

三是产品定位失误。产品定位影响国企产品的销售和市场份额。如果在市场中的同类产品已经饱和的情况下，仍然选择生产类似产品，就可能会导致产品无法在市场上脱颖而出，进而影响国企的市场份额。

四是商业模式选择失误。商业模式是国企获取竞争优势的关键。错误的商业模式可能导致国企无法盈利或陷入恶性竞争。如果在竞争激烈的行业选择了低价竞争策略，就会导致国企陷入价格战，利润严重受损。

如果战略选择失误，则可能导致国企投入大量的资源，却无法产生预期的效果。这种资源浪费不仅影响国企的经营效率，还可能导致国企陷入负债的困境，在市场竞争中丧失优势，市场份额逐渐下降。长此以往，可能导致国企难以为继，最终导致倒闭。

总之，战略管理风险是国企经营管理中的一个重要内部风险，对国企的发展具有严重的影响。国企需要对战略方向、市场定位、产品定位和商业模式进行深入研究和分析，以确保在激烈的市场竞争中保持竞争优势。

（二）财务风险

财务风险包括资金流动性风险、会计处理风险等。这些风险在不同方面表现出国企的财务管理的漏洞。

资金流动性风险主要体现在负债管理、偿债能力管理、资产变现管理和紧急流动需求应对管理方面。负债管理不善可能导致国企负债累累，使国企在面临突发事件时资金周转困难。偿债能力管理不足则可能导致国企在应付债务时无法按时还款，从而影响国企的信誉和经营状况。资产变现管理不善可能使国企无法充分利用其资产，导致资本运作效率降低。而在紧急流动需求应对管理方面的不足可能使国企在面临紧急情况时无法及时筹集到所需资金，从而影响国企的正常运营。

会计处理风险主要包括会计账务处理和财税处理方面的合规合法性不足。在会计账务处理方面，如果存在违规行为，则可能导致报表数据失真，无法真实反映国企的财务状况。财税处理方面的合规合法性如果不足，则可能导致国企在纳税申报等方面存在问题，进而面临法律风险和相关处罚。

在实际运营中，大型国企往往面临资金使用效率难以提升的难点。这可能是由于国企在资金管理和调度方面存在不适应，使得国企无法充分利用其现有资源。此外，如果在资金筹措和使用方面存在内部腐败现象，就可能导致资金流失和财务风险增大。在面对财务风险时，国企需要加强财务管理意识，严格成本费用管理，及时调整资金筹措策略，提高资金运作效率等措施。此外，国企还应建立健全财务风险预警和应对机制，提高财务报表透明度，加强内部审计和监管，以及加强财务人员培训和素质提升，以降低财务风险对国企发展的影响。

（三）运营风险

运营风险包括产品风险、项目风险、环境风险和声誉风险等多个方面。

1. 产品风险

产品风险是国企在市场竞争中面临的一种关键风险。随着市场竞争加剧和消费者需求的多样化，传统的低成本竞争优势逐渐弱化，国企需要不断调整产品结构以满足市场需求。然而，在产品结构调整过程中，国企可能面临市场营销推广和核心技术研发方面的挑战，导致产品竞争力降低。为了应对这种风险，国企需要加强创新能力和市场拓展能力，提高产品的核心竞争力。

2. 项目风险

项目风险是国企在经济转型过程中必须面对的风险。由于市场竞争加剧和宏观政策调整，部分项目可能无法实现预期效益，导致国企资金损失和经济效益下降。为了降低这种风险，国企需要在项目立项、实施和管理过程中加强风险评估和控制，确保项目的可持续发展。

3. 环境风险

环境风险则是国企在科学发展过程中所面临的重要任务。过去粗放、高污染、高排放的经营方式会严重破坏生态环境。面对资源约束趋紧、环境污染严重、生态系统退化的严峻形势，国企需要积极推进绿色发展、循环发展和低碳发展。在这个过程中，国企可能面临环保政策执行不到位、环保设施投入不足等情况，增加了环境风险。

4. 声誉风险

声誉风险是国企在经营管理中需要关注的风险。由于产品质量问题、意外事件等原因，国企可能面临声誉损失，从而影响国企的市场份额、盈利能力和长期发展。为了降低声誉风险，国企需要加强内部管理，提高产品质量，加强国企形象塑造和品牌建设，以降低声誉损失的可能性。

在这些运营风险中，产品风险和项目风险尤为突出，因为二者直接关系到国企的核心竞争力和经济效益。随着市场环境的变化和消费者需求的日益多样化，国企需要在产品研发、市场营销和项目管理等方面不断提升自身能力，以应对日益激烈的市场竞争。环境风险和声誉风险虽然对国企的直接影响相对较小，但对国企的长期发展具有重要意义。

（四）事故风险

国企事故风险是指在现代工业生产过程中，如果存在内部管理不善、新工艺新材料新技术的安全特性认识不足、安全机构和人员配置不合理，以及安全管理制度不完善等情况，就可能导致火灾、爆炸、矿难、建筑施工事故、危险化学品泄漏及触电事故等严重危害人们生命财产安全的风险。这些风险会对国企的经营管理造成严重影响，一旦发生事故，对国企及社会造成的损失将无法挽回。

在国企事故风险中，火灾、爆炸事故风险的影响尤为严重。由于生产过程中火源、可燃物和氧气的存在，火灾事故发生的概率较高。此外，一些高危行业如石油化工、煤炭开采等，由于工艺和设备的特殊性，易导致爆炸事故的发生。

矿难事故风险主要集中在煤矿、金属矿等资源开采行业。这些行业的生产环境较为艰难，生产过程中存在许多不可预测的危险因素。由于矿山开采过程中地质结构复杂、通风系统不完善、监测设备老化等原因,很容易引发瓦斯爆炸、突水、塌方等矿难事故。

建筑施工事故风险涉及国企在基础设施建设领域的各类工程项目。这些事故的发生往往与施工过程中的安全管理缺陷、人员操作失误、机械设备故障等因素密切相关。

危险化学品泄漏事故风险主要存在于石油化工、制药、农药生产等化工行业。这些行业生产过程中使用的化学品具有高度危险性,一旦发生泄漏,可能引发火灾、爆炸、毒害等严重事故。

触电事故风险普遍存在于各类国企,特别是涉及电力设施建设、维修、运行的国企。由于电力设施故障、操作不当、维修不及时等原因,容易导致触电事故的发生,给国企及员工带来巨大的生命财产损失。

在国企事故风险中,还存在交通运输事故风险。这些风险涉及铁路、公路、航空、水上运输等多个领域,由于交通工具故障、驾驶员操作失误、道路条件恶劣等原因,可能导致交通事故的发生。这些事故会对国企的物资运输、人员安全以及国企声誉产生严重影响。

此外,国企在生产经营过程中还可能面临着自然灾害事故风险。如地震、洪水、台风、干旱等自然灾害的发生,可能对国企生产设施、劳动力和生产经营造成严重损失。这些风险往往具有不可预测性和突发性,给国企带来极大的不确定性。

总之,国企事故风险涉及多个领域和环节,具有复杂性、多样性和不可预测性。这些风险对国企的生产经营活动造成严重影响,甚至可能导致国企的破产和倒闭。因此,国企在经营管理过程中必须高度重视事故风险,加强安全管理制度建设、增强员工安全意识和技能水平、加大科技投入,以降低事故风险,确保国企的持续稳定发展。

(五)法律风险

国企经营管理的法律风险涵盖了国企在各个方面所面临的法律责任与法律制约。这些风险可能导致国企受到法律制裁,影响国企声誉和经营效益。

对内用工方面，国企在招聘、用工、福利待遇、劳动合同、工伤事故等方面都可能面临法律风险。首先，国企在招聘过程中，如果涉及歧视、虚假招聘等行为，将违反劳动法规定，可能导致行政处罚甚至诉讼。其次，在用工方面，国企需合法合规地支付员工工资、加班费、社会保险等待遇，确保员工享有法定休假。否则，国企将承担法律责任，面临罚款甚至赔偿等风险。再次，国企在签订劳动合同时，应遵循劳动法律法规的规定，合同内容须明确、合法。如果国企与员工签订的合同涉及违法条款，将导致合同无效，国企需要承担法律责任。最后，在工伤事故方面，国企需承担工伤保险责任，为受到工伤的员工提供相应的保险赔偿。如果国企未按照法定要求参加工伤保险或者在工伤事故中存在过错，将面临法律追究和赔偿责任。

对外合同方面，国企在签订和履行合同过程中，也可能面临法律风险。首先，合同的签订应遵循法律法规和行业规定，确保合同内容的合法性。如合同涉及违法或不道德条款，将导致合同无效，国企可能需要承担违约责任。其次，在合同履行过程中，国企应严格遵守合同约定，按时完成合同义务。如国企未按合同约定履行义务，将面临违约责任，可能需要支付违约金或承担相应的赔偿责任。此外，在合同履行过程中，国企可能面临合同纠纷，如合同履行过程中发生争议，双方无法达成一致，可能导致诉讼，国企需承担法律诉讼的风险和成本。此外，国企在涉及知识产权、税收、环保等方面的合同履行过程中，也需遵循相关法律法规，否则可能面临罚款、赔偿等法律责任。

在跨境业务方面，国企需关注国际法律法规及不同国家的地方性法规，以避免在合同签订和履行过程中遇到法律风险。涉及跨境交易的合同往往涉及多个国家的法律体系，国企需对各国的法律体系进行深入了解，确保合同内容符合各国的法律规定。同时，国企在涉及跨境业务的税收、知识产权保护、劳动用工等方面，也需要遵循相关国家和地区的法律规定，以降低潜在的法律风险。

另外，国企在合作伙伴选择上也需要谨慎，避免与有不良商业行为的国企合作，导致法律风险。在合作伙伴选择过程中，国企应充分调查潜在合作方的资信状况、业绩表现、合规经营等方面，确保合作伙伴具备良好的信誉。与信誉良好的国企合作，有助于降低合同纠纷发生的风险，提高合同履行的顺利性。

（六）人力资源管理风险

国企经营管理中的人力资源管理风险涵盖了从招聘、培训、激励、绩效考核、员工关系到离职管理等方面。这些风险可能导致国企人才流失、员工士气低落、生产效率下降，从而影响国企的整体竞争力。

第一，招聘方面的风险包括招聘渠道的局限性、招聘过程的不透明度以及招聘决策的失误。国企在招聘过程中，可能因为渠道不畅通或者信息传递不准确，导致无法吸引到优秀人才。此外，招聘过程中如果出现内部人事任用不公平、关系推荐等问题，影响人才选拔的公正性。这些风险可能导致国企引入不合适的员工，降低国企整体人才素质。

第二，培训与发展方面的风险主要体现在培训内容和方式上。国企如果缺乏对员工需求的准确把握，就可能导致培训项目与员工实际需求脱节，无法提升员工的技能和能力。同时，国企在人才培养上如果过于重视学历和资历，忽视员工的实际工作能力和潜力，导致人才发展不均衡。

第三，激励与绩效考核方面的风险涉及薪酬体系、晋升机制以及绩效考核标准。国企在激励方面可能面临薪酬体系不合理、福利待遇不足以吸引和留住人才等问题。此外，晋升机制如果过于僵化，可能会导致员工缺乏发展动力。绩效考核方面若是出现考核标准不明确、考核过程不公正，可能导致员工士气低落，影响工作积极性。

第四，员工关系方面的风险涉及国企内部沟通、员工福利和劳动合同等问题。国企如果在管理层与员工之间的沟通方面存在障碍，就可能导致员工需求无法及时反映，影响员工满意度。员工福利方面如果存在不公平现象，可能导致员工心理不平衡。

第五，离职管理方面的风险主要体现在员工流失和知识传承上。国企在离职管理过程中，如果出现员工离职率过高的现象，可能导致国企人才流失，影响国企的稳定性。另外，由于知识传承不畅，离职员工的经验和技能无法得到有效传承，从而影响国企的生产效率和竞争力。

在市场竞争日益激烈的情况下，国企要想保持竞争力，就必须重视人力资源管理风险，努力优化人力资源管理体系，打造国企核心竞争力。这样，国企才能在激烈的市场竞争中立于不败之地，为国家和人民创造更多的价值。

第三节　国企风险管理及策略工具

一、国企风险管理

风险管理是现代企业在面对各种风险时，通过一系列有计划、有步骤的方法，以识别、评估、控制和减轻风险，降低成本，确保企业安全稳定发展的过程。

在企业的生产经营活动中，风险无处不在，而企业的成功在很大程度上取决于其风险管理能力。风险管理的主要目的是实现企业的经济利益最大化，提高企业抵御风险的能力，确保企业可持续发展。国企风险管理是针对国有企业特点和风险特征的风险管理，强调国有企业在实现国家利益、社会责任与企业利益的平衡中降低风险。

在当今快速变化的市场环境下，企业面临着诸多不确定因素。政治、经济、社会、技术、环境和法律等多方面的风险，使得企业在经营过程中面临着诸多挑战。特别是国有企业，由于其特殊的性质和地位，风险管理的复杂性和重要性更加凸显。因此，国有企业要积极应对市场竞争，确保企业的长远发展，风险管理显得尤为重要。

国有企业在风险管理方面具有一定的优势。由于国有企业背靠国家，其在政策支持、资金筹集、市场地位等方面相对于民营国企具有优势。然而，国有国企也面临着自身的风险。为了应对这些风险，国有国企需要加强对内部风险的管理的同时关注外部风险，构建完善的风险管理体系，在应对风险挑战中不断壮大，实现可持续发展。

二、国企风险管理的一般策略

国企风险管理的一般策略包括七种，如图 1-2 所示。

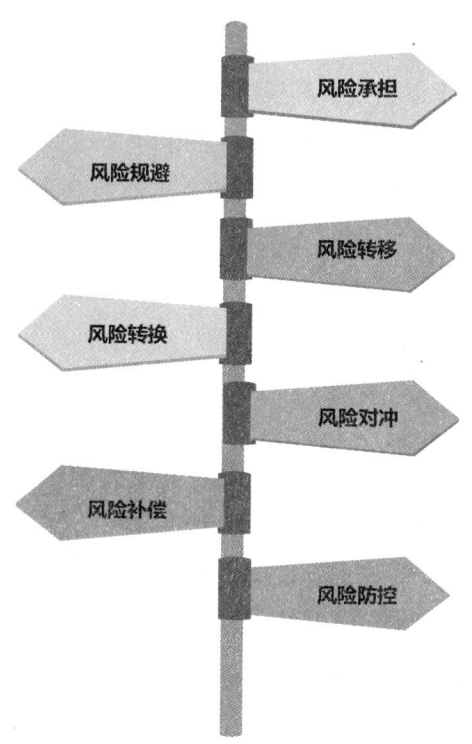

图 1-2 国企风险管理的一般策略

（一）风险承担

风险承担亦称风险保留、风险自留。是指国企在面对风险时，选择主动接受并承受风险带来的潜在损失。国企需要对风险进行评估，权衡风险与收益之间的关系，确定哪些风险值得承担。在实际运作中，风险承担策略要求国企具备良好的风险识别、分析和预测能力，以确保在面对风险时能够做出明智的决策。

风险承担策略的实施，需要国企在风险识别和评估阶段，准确判断风险的性质、程度和可能带来的影响。对于那些可能带来较高收益的风险，国企可以选择承担，但要确保有充足的准备来应对风险产生的负面后果。在风险承担的过程中，国企应逐步完善风险管理机制，提高风险抵御能力。

风险承担作为国有国企风险管理策略的一种，具有一定的合理性和现实意义。在现代市场经济环境中，国有国企需要在不断追求发展的过程中，面对各种风险挑战。通过实施风险承担策略，国有国企可以在承担一定程度的风险的基础上，实现更高的收益和发展。然而，风险承担并非适用于所有风险，国企在实施风险承担策略时，要充分考虑自身的风险承受能力和发展战略，合理平衡风险与收益，以确保国企在追求发展的过程中能够有效应对和控制风险，使国企的发展不受严重影响。

（二）风险规避

风险规避是一种国企在面对某种潜在风险时，选择回避、停止或退出相关商业活动或环境，以避免成为风险的承受者。

风险规避策略的实施，要求国企在风险识别和评估阶段，对风险进行全面分析，了解风险的性质、程度和可能带来的影响。国企需要对不同类型的风险进行分类，对于那些可能导致严重损失或损害国企声誉的风险，国企应当采取风险规避策略。在实际操作中，国企可以通过退出相关市场、停止参与某项业务或调整经营策略等方式，来实现风险规避。

国有国企风险规避旨在帮助国企避免因承担风险而导致的不必要损失。然而，风险规避并非万能，国企在实施风险规避策略时，需要充分了解自身风险承受能力和发展战略，合理平衡风险规避与国企发展。在一些情况下，国企可能需要承担一定程度的风险以实现更高的收益和发展。因此，国有国企在风险管理过程中，应根据实际情况灵活运用风险规避策略，与其他风险应对策略相结合，共同应对风险挑战。

（三）风险转移

风险转移是指国企通过合同、保险或其他手段将风险转移给第三方，使国企免受风险的影响。风险转移并不降低风险本身的严重程度，而是将风险从一方转移至另一方，以达到分散风险的目的。通过实施风险转移策略，国企可以将部分风险转嫁给合作伙伴、保险公司等第三方，从而降低国企承受风险的压力，保障国企稳健发展。

风险转移策略在国有国企风险管理中具有重要作用，以下是关于国有国企风险转移的几个关键方面：

1. 保险合同

保险是风险转移策略的常见形式之一。国企通过购买保险合同，将风险转移给保险公司。一旦风险发生，保险公司将根据合同条款为国企提供赔偿。这样一来，国企可以将潜在损失降至最低，确保国企的财务稳定。

2. 合作伙伴协议

国企可以通过与合作伙伴签订协议将部分风险转移出去。例如，在供应链中，国企可以要求供应商承担生产质量风险；在项目合作中，国企可以与合作伙伴共同承担项目风险。通过这种方式，国企可以降低自身的风险敞口，实现风险的共担与分散。

3. 衍生品交易

国企可以通过衍生品交易实现风险转移。例如，国企可以通过远期合约、期权合约等金融工具对冲汇率风险、利率风险等市场风险。

国企经营管理中风险防控及对策研究

通过这种方式,国企可以将风险转移给金融市场的其他参与者,降低市场风险对国企的影响。

通过实施风险转移策略,国企可以将部分风险转嫁给第三方,从而降低自身承受风险的压力,保障国企利益和稳健发展。在实施风险转移策略的过程中,国企需关注风险识别、风险评估、选择合适的风险转移方式等环节,确保风险转移策略的有效实施。

（四）风险转换

风险转换涉及国企在面临风险时,通过战略调整、业务重组、技术创新等手段,将某一种风险转变为另一种相对可控的风险。这种策略的实施有助于国企更好地适应市场变化、提高竞争力,同时降低国企在应对风险时所承受的压力。

在实际操作中,国有国企可以通过以下途径实施风险转换策略：

1. 业务重组

国企可以通过调整业务结构和布局,将面临的市场风险、竞争风险等转换为国企更具竞争力的领域。例如,国企可能会选择退出竞争激烈、利润较低的市场,转而投入有发展前景、利润较高的领域,以降低国企所面临的风险。

2. 技术创新

通过技术创新,国企可以将技术风险转换为技术优势。例如,国企在面临新技术取代旧技术的风险时,可以积极研发新技术,提升技术水平,从而将技术风险转化为技术竞争力。

3. 合作伙伴关系

国企可以通过与合作伙伴建立战略合作关系,将风险分散至合作伙伴,从而实现风险的转换。例如,国企可能会与供应商、分销商等合作伙伴共同承担市场风险,以降低单一国企所面临的风险压力。

4. 财务策略

国企可以通过优化财务结构,将财务风险转换为财务稳健。例如，在面临资金链断裂的风险时，国企可以采取降低负债、增加内部融资等措施，以提高国企的财务稳定性。

5. 人才培养与引进

国企可以通过引进和培养人才，将人力资源风险转化为人力资源优势。例如，在面临专业人才短缺的风险时，国企可以积极引进具有专业知识和经验的人才，以提升国企在人力资源方面的竞争力。

总之，风险转换策略在国有国企风险管理中具有重要意义。国企需要结合自身实际情况，制定合适的风险转换策略，并在实施过程中注重策略的协同与平衡，以实现国企风险管理的目标。同时，国企还需要综合运用多种风险管理策略，建立更为完善的风险管理体系。

（五）风险对冲

风险对冲指在通过引入多个风险因素或承担多个风险，实现这些风险的互相抵消，降低国企整体风险水平。风险对冲策略可以帮助国企更好地应对市场波动、经济环境变化等外部风险，从而保障国企的稳定发展。

在具体实践中，国有国企可以采用以下方法实施风险对冲策略：

1. 投资组合

国企可以通过多元化投资组合，将资金投向不同领域、不同行业、不同地区，以实现风险的分散对冲。多元化投资组合有助于降低单一项目、单一市场或单一行业的风险，提高国企整体抗风险能力。

2. 金融衍生品

国企可以利用金融衍生品（如期货、期权、掉期等）进行风险对冲。这些金融工具可以帮助国企锁定未来价格或汇率波动的风险，从而降低市场风险和汇率风险对国企的影响。

3. 供应链管理

通过优化供应链管理，国企可以降低供应链风险。这包括与多个供应商建立合作关系、多元化原材料来源、建立备份供应链等，以实现供应链风险的对冲。

风险对冲策略在国有国企风险管理中具有重要作用。国企需要根据自身实际情况，采取合适的风险对冲措施，实现风险的分散和抵消。同时，国企还需综合运用多种风险管理策略，建立健全风险管理体系，以提高国企抵御风险的能力，确保国企的长期稳定发展。

（六）风险补偿

风险补偿在国有国企风险管理中体现在国企在主动承担风险的同时，采取适当措施来减轻或弥补可能发生的损失。风险补偿策略有助于提高国企的抗风险能力，确保国企在面对各种风险时能够维持稳定运营。

在实际运作中，风险补偿并不试图消除风险，而是通过分散风险、转移风险等方式，降低风险对国企的负面影响。这种策略通常在国企发现无法完全避免风险时采用。风险补偿的目标是确保国企在风险事件发生后能够迅速恢复正常运营，避免因风险带来的损失对国企的长期发展造成影响。

不过，需要注意的是，风险补偿策略可能导致国企在应对风险时产生额外的成本，如补偿客户的损失、购买保险等，这些成本可能会影响国企的利润水平。当国企过度依赖风险补偿策略时，可能导致国企对风险的防范意识减弱，从而忽视了风险的预防和控制工作。同时，在某些情况下，风险补偿可能无法完全弥补国企因风险带来的损失，特别是在面临重大风险时，国企可能难以通过补偿手段实现完全恢复。风险补偿甚至可能导致风险的传导，例如，国企将风险转移到第三方，可能使得第三方面临更大的风险压力，从而加剧整个产业链或经济体系的风险水平。

综上所述，风险补偿是国企风险管理的一种策略，关注的是在风险发生后,如何通过一定的手段来弥补或减轻因风险带来的损失,进而维护国企的长期稳定和发展。

(七)风险防控

风险防控是指风险管理者采取各种措施和方法消灭或减少风险事件发生的各种可能性,或者减少风险事件发生时造成的损失。

风险防控涉及对风险事件发生的动因、环境和条件进行控制,从而达到减轻风险事件发生时的损失或降低风险事件发生的概率。风险防控的主要目的是帮助国企识别、预测、评估和应对各种风险。通过风险防控,国企能够更好地理解和应对市场环境中的不确定性,提前识别潜在的风险,采取有效措施降低风险损失,形成一个相对稳定的运营环境。这有助于国企实现战略目标,增强竞争力,提高国企价值。

不过,风险防控也存在一定的局限性。在追求风险防控的过程中,国企可能会过分保守,导致错过一些有利的市场机会。此外,风险防控并不能完全消除风险,特别是在面临突发性、不可预测的风险事件时,国企仍需准备好应对措施,以确保国企能够在面临风险时迅速恢复正常运营。同时,国企在进行风险防控时,需要平衡风险防控的成本和收益,以实现最佳的风险管理效果。

此外,风险防控在实施过程中可能会遇到一些困难。例如,国企在评估风险时可能会受到信息不对称、技术水平和内部治理等因素的影响,导致评估结果的不准确。这可能会使国企在制定风险防控策略时产生偏差,从而影响风险防控的效果。为解决这一难题,国企需要建立完善的风险评估体系,提高风险评估的准确性和可靠性。同时,国企还需要加强内部治理,提高国企对风险信息的敏感度,及时发现并应对潜在风险。

三、风险管理工具

在国企风险管理中,还有各种工具可以协助进行项目风险识别、评估以及控制。

(一)风险识别工具

在国企风险管理中,风险识别是一个至关重要的环节,有助于国企更好地了解和掌握面临的各种风险,从而制定有效的应对策略。为了实现这一目标,国企通常会采用多种风险识别工具。

以下是一些常用的风险识别工具介绍:

1. 检查表法

检查表法是一种常用的风险识别方法,通过对一系列预先设定的风险指标进行逐项审查,国企可以识别出可能面临的风险。该方法简单易行,适用于初步风险识别和简单风险分析。该方法操作简便,易于理解和执行,有助于发现常见的潜在风险。不过,可能无法识别非常规或特殊的风险,依赖于检查表的质量和覆盖范围。

2. 德尔菲法

德尔菲法是一种通过专家共识来识别风险的方法。国企可以邀请一组专家就某个问题提供意见和建议,然后对专家意见进行汇总和分析,以达成共识。德尔菲法可用于国企在复杂或不确定,需要专家意见的情况下来识别风险。该方法能够充分利用专家知识和经验,有助于识别复杂或不确定的风险。不过过程可能较长,由于依赖于专家的知识和经验,可能受到个人偏好和认知偏差的影响。

3. 原因分析法

原因分析法是一种通过识别潜在风险事件的成因来预测风险的方法。国企可以使用故障树分析或事件树分析等技术来识别风险事件的根本原因,从而有效预测和防范风险,适用于识别潜在风险事件的成因和影响。该方法有助于发现风险事件的根本原因,可用于预测和防范风险。但是过程可能较为复杂，需要专业知识和技能，且可能无法完全揭示所有潜在风险。

4. 历史数据分析法

历史数据分析法是根据过去发生的类似事件或情况来识别风险的一种方法。通过收集、整理和分析历史数据，国企可以识别出可能出现的风险及其规律，从而为风险管理提供依据。适用于那些具有较多历史数据的风险识别。该方法充分利用已有数据，有助于发现风险规律，对风险管理具有参考价值。但如果国企历史数据不完整或过时，就可能无法预测新的风险，受数据质量和可用性的限制较大。

5. 头脑风暴法

头脑风暴法是一种通过集体讨论和创意思考来识别风险的方法。国企可以组织员工进行头脑风暴，提出可能面临的风险，从而为风险管理提供线索。该方法适用于国企内部团队合作和创新思维的风险识别，可以激发团队创意，有助于发现潜在的风险，提高员工对风险管理的参与度。但是可能受到参与者知识和经验的限制，讨论过程可能较长，且无法覆盖所有潜在风险。

6. 剖析法

剖析法是一种通过模拟不同情景来识别风险的方法。国企可以设定不同的情景，分析各种情景下可能出现的风险，从而为风险管理提供依据。该方法适用于不确定性较高的风险识别，有助于识别不确定性下的风险，提高国企对不同情景的适应能力。但过程可能较为复杂，可能受到情景设定的主观性和偏好的影响。

综上所述，国企风险管理中的风险识别工具多种多样，各具特点和适用情况。国企应根据自身实际情况和需求，选择合适的风险识别工具，综合运用多种方法，全面识别和应对各类风险。在实际应用中，国企可以根据不同阶段和需求，灵活调整和优化风险识别方法。例如，国企可以在初步风险识别阶段使用检查表法，快速发现常见风险；在深入分析阶段，可采用原因分析法、剖析法等方法对潜在风险进行更细致的研究。

值得注意的是，任何风险识别工具都存在局限性，因此，国企在实际操作中应注重多元化和综合性。例如，国企可以将内部员工的知识和经验与外部专家的意见相结合，以提高风险识别的准确性和全面性。此外，国企还应加强风险管理体系建设，确保风险识别与其他风险管理环节（如风险评估、风险应对、风险监控等）紧密衔接，形成闭环，从而更有效地应对和防范风险。

（二）风险评估工具

国企风险管理中的风险评估工具繁多，各种工具在不同的情境下都有各自的优缺点。以下是一些常用的风险评估工具介绍。

1. 流程图与过程图

流程图和过程图是以图形的方式展示国企的业务流程、操作过程及其中可能存在的风险。这些工具对于识别潜在风险点，以及了解风险在整个流程中的传播途径和影响程度具有重要意义，适用于识别和分析具有明确流程的业务活动和生产过程中的风险。该方法直观、易于理解，有助于国企全面了解业务流程和操作环节，但可能难以捕捉到一些隐性、非结构化的风险因素。

2. 失败模式和影响分析

失败模式和影响分析是一种系统性的风险评估方法，用于识别和评价潜在的故障模式及其对系统、产品或过程的影响。通过对每个潜在故障模式的严重性、可能性和可检测性进行评分，计算风险优先级，从而确定重点关注的风险点，适用于评估产品设计、生产过程和服务流程中可能发生的故障及其影响。该方法系统性强，有助于发现潜在的故障模式，提高风险识别的全面性。不过实施过程较为烦琐，需要专业知识和技能。

3. 因果关系图

因果关系图是一种图形化的分析方法，用于揭示风险因素之间的因果关系。国企可以通过构建因果关系图,了解风险因素的来源、传播路径和可能的影响。适用于分析复杂问题和多元风险场景,尤其是在识别风险因素之间的相互关系时非常有效,有助于揭示风险因素的根本原因,识别关键风险点,从而制定针对性的风险应对措施。可能需要较多时间和专业知识,且对于非结构化的风险因素可能不够敏感。

4.故障树分析

故障树分析是一种拓扑图形表示法,用于表示和分析潜在故障的逻辑关系。通过构建故障树,国企可以了解故障的根本原因,评估风险事件的可能性,并为制定风险控制策略提供依据。适用于分析系统故障、产品缺陷和运营过程中可能出现的问题。该方法系统性强,可以深入分析故障原因,有助于发现潜在的故障模式,可能需要较多的时间和专业知识,对于非结构化的风险因素不够敏感。

5.危害分析和关键控制点

危害分析和关键控制点是一种预防性的风险管理方法,用于识别、评估和控制生产过程中的关键危害点,特别是在风险评估方面的应用十分普遍,广泛应用于食品安全、医疗保健等领域。适用于预防性风险控制,尤其是在生产过程中可能引发严重后果的关键环节,预防性强,可以在早期阶段发现和控制潜在的危害,降低发生风险的可能性。不过需要专业知识和技能,实施过程可能较为烦琐。

6.基础危害分析

基础危害分析是一种初步的风险评估方法,用于识别潜在的危害和控制措施,通常采用专家访谈、文献调查等手段收集数据,以确定风险的性质、可能性和严重性,适用于项目初期、设施变更、新技术应用等场景,为后续的风险评估和控制提供基础数据。有助于在早期阶段了解风险状况,为深入的风险评估提供基础信息。但可能无法全面识别风险,仅适用于初步评估,需要与其他评估方法结合使用。

7.辅助统计工具

辅助统计工具包括历史数据分析、趋势分析、回归分析等,可用于根据历史数据预测风险事件的发生概率和影响。这些工具可以帮助国企量化风险，制定科学的风险应对策略。适用于对大量历史数据进行分析，预测未来风险状况。优点是量化、科学，有助于提高风险预测的准确性。缺点是可能受到数据质量、可用性的影响，对于非结构化的风险因素可能不够敏感。

国企应根据实际情况，灵活运用多种工具进行综合评估，以提高风险识别和控制的效果。在使用这些工具时，要注意结合国企自身的特点和环境，以及风险评估的目的和需求，选择最适合的评估方法。同时，风险评估是一个持续的过程，国企需要定期对风险进行评估和调整，以应对不断变化的风险环境。

（三）风险控制工具

国企风险管理中的风险控制工具如下：

1. 标准化与规程

国企可以通过制定统一的标准和规程来降低操作风险。这些规程包括工作指南、操作手册、安全规范等，广泛适用于各种国企，特别是生产制造业。能够提高操作一致性，降低由于人为因素导致的风险。不过，要注意：过度标准化可能限制员工的创新能力，可能不适用于高度灵活的业务环境。

2. 内部控制体系

国企可以建立内部控制体系以确保业务流程的正常运行和合规性。内部控制体系通常包括组织架构、制度设计、监督机制等。适用于各种规模和行业的国企。有助于确保国企的合规性，预防和发现潜在风险。但可能增加国企的运营成本，对于小型国企实施难度较大。

3. 风险保险

国企可以通过购买保险来将风险转移给保险公司，降低风险带来的财务损失。适用于面临财产损失、责任索赔等风险概率较高的国企。能够有效降低国企因风险带来的损失,提高国企的抗风险能力。但保费成本较高,不适用于所有类型的风险。

4.应急预案与危机管理

国企可以制定应急预案和危机管理方案,以便在风险事件发生时迅速采取措施减轻损失,适用于面临突发事件、灾害等高风险的国企,能够提高国企应对突发风险事件的能力,降低损失。不过预案制定和实施需要投入资源,可能存在执行难度。

5.风险信息系统

国企可以采用风险信息系统,实时监控和管理各种风险,提供预警信息,帮助国企做出及时的决策。适用于各种规模和行业的国企,特别是金融和科技行业,能够实时监控风险,提高国企的风险应对能力。但需要投入较大的技术和人力资源,对于小型国企实施难度较大。

在实际应用过程中,国企需要权衡各种工具的优缺点,选择合适的风险控制工具,以达到降低风险、提高抗风险能力的目的,以实现最佳的风险管理效果。

第二章　国企经营管理风险防控的价值意蕴

第二章 国企经营管理风险防控的价值意蕴

在全球化背景下,国企面临着多种挑战,如市场竞争加剧、国际贸易风险增加、技术革新变革等。这些挑战使国企在经营活动中暴露于各类风险之中,如果处理不当,可能对国家安全和稳定造成影响。国有企业作为国家经济的支柱,承担着众多重要的社会责任和历史使命。在面对复杂多变的市场环境中,国企需要不断加强经营管理风险的防控,以确保国家安全和稳定、维持企业经营与发展,并提高企业社会信任度。本章将对国企经营管理风险防控的价值意蕴进行深入探讨。

第一节 保障国家安全和稳定

国企经营管理风险防控对于实现国家安全和稳定具有十分重要的价值意蕴。在保障国家安全和稳定方面发挥着举足轻重的作用。通过加强风险防控,国企可以为国家经济发展提供稳定支撑,保障关键领域的运行,维护金融安全,保障政治稳定。只有在风险防控体系得到完善和强化的基础上,国企才能迎接更多的挑战,为国家的繁荣和发展做出更大贡献。

一、促进国家经济稳定增长

2023年是全面贯彻落实党的二十大精神的开局之年,也是推进中国式现代化的开局起步之年。政府工作报告将稳增长放在首要位置,彰显了国家发展的战略意图。在这一背景下,国有国企作为中国式现代化新道路的重要推动者和实践者，在探索中国式现代化新道路的征程中，必须发挥主力作用，展现使命担当，充分发挥国有国企稳经济的"压舱石"作用。在这个过程中，国企经营管理风险防控在促进国家经济稳定增长方面具有不可忽视的重要作用，能够确保国家经济的稳定增长，为实现全面建设社会主义现代化国家的宏伟目标贡献力量。

首先，国企作为国家经济的支柱，其稳定运行对国家经济增长至关重要。在全球经济环境不确定性增加的背景下，国企的经营管理风险防控能力将直接影响国家经济的抗风险能力。国企经营管理风险防控对于国家经济的稳定增长具有重要的推动作用。在面对复杂多变的国际市场环境时，国企能够更好地应对外部经济风险，确保国企在各种不确定环境下的稳健发展。同时，国企的稳定发展也有助于减轻国家经济压力，为国家经济稳定增长提供有力支撑。

其次，国企在国家经济中的地位决定了其在社会资源配置中的关键作用。加强国企经营管理风险防控有助于优化资源配置，提高资本利用效率。通过对国企的风险防控工作进行深入研究和实践，有助于发现并解决国企资源配置中的问题。通过优化国企资源配置，可以使国家资本得到更有效地利用，提高国家经济的运行效率，进而保持国家经济的稳定增长。国企的有效风险防控，有助于促进社会资源在关键领域的优化配置，为国家经济稳定增长提供坚实基础。

再者，国企在培育新兴产业、驱动产业升级中具有核心价值。加强国企经营管理风险防控，有助于提高国企对人才的吸引力，为国企创新发展提供强大的人才支持。国企在新兴产业和高技术领域中的投入和创新，将直接推动国家经济的转型升级。国企在产业创新方面具有强大的资源整合能力，可以为新兴产业的发展提供有力支持。通过加强国企的经营管理风险防控，可以为国家产业升级提供有力保障，进而推动国家经济的高质量发展。

最后，国企经营管理风险防控有利于保障国民就业。国企作为国家经济的重要组成部分，为国民提供大量的就业机会。通过加强风险防控，国企可以保持稳健运营，进而稳定国民就业市场，为国家经济的稳定增长提供人力支持。在国民就业方面，国企不仅在直接提供岗位上发挥着重要作用，还通过产业链带动相关产业的发展，间接创造了大量的就业机会。国企稳健运营对于维护社会稳定和增进民生福祉具有重要意义。

在当前国际国内经济形势复杂多变的情况下，加强国企经营管理风险防控对于促进国家经济稳定增长具有重大意义。国企稳定运行可以确保国家经济抗风险能力的提升，为国家经济的持续发展提供坚实保障。同时，国企在社会资源配置、产业创新、国民就业等方面的作用也将直接影响国家经济的稳定增长。通过深化国企经营管理风险防控，可以提高国家经济运行的效率和效益，为国家经济的高质量发展创造有利条件。在此过程中，国企要积极履行社会责任，发挥好稳增长、调结构、促改革、惠民生的综合效应，为国家经济的繁荣和发展贡献力量。

总之，国企经营管理风险防控在促进国家经济稳定增长方面具有不可替代的价值。面对全球经济的不确定性和挑战，国企要不断加强风险防控意识，提高经营管理水平，为国家经济的持续稳定发展提供有力支持。只有这样，才能让国企在新时代的历史进程中发挥出更大的作用，为实现国家经济的全面振兴、健康发展做出更大贡献。

二、保障国家关键领域稳定运行

国企在国家关键领域的参与和发展，体现了其在国家经济社会发展中的举足轻重地位，是国家利益的守护者。通过深入剖析国企在能源、交通运输、通信、环境保护、社会福利以及国防等领域的作用，可以进一步理解国企经营管理风险防控对于国家安全和稳定的重要价值。

在能源领域，国企扮演着举足轻重的角色。能源是国家发展的基石，关系到国家经济的运行和人民生活的方方面面。国企在油气、电力、可再生能源等方面具有强大的资源开发和生产能力，同时在能源输送、储备和调度等环节承担着关键职责。加强国企经营管理风险防控，有助于确保国家能源供应链的稳定，从而降低因能源问题导致的国家安全风险，确保国家经济的持续发展和民生需求的满足。此外，国企还在能源科技创新、产业转型升级等方面发挥着重要引领作用，为国家在全球能源格局中的竞争地位提供了有力支持。在新能源领域，国企通过加大研发投入，推动风能、太阳能等可再生能源技术的突破，提高能源利用效率，有助于实现国家能源结构的优化和低碳发展目标。

在交通运输领域，国企发挥着关键的支撑作用。交通运输是国家经济命脉，对于国家经济发展和民生有着举足轻重的影响。国企在铁路、公路、航空、港口等交通基础设施建设和运营方面具有雄厚的实力，通过加强国企经营管理风险防控，可以确保交通基础设施的安全和稳定运行，进而保障国家的经济和社会秩序。国企还促进了交通运输产业链中的技术创新和服务质量提升，为提高国家整体交通运输水平、降低物流成本、促进区域经济一体化提供了有力支持。

在通信领域，国企扮演着核心角色。通信是现代社会的基本需求，关乎国家信息化建设和国家安全。国企在通信网络建设、运营和维护方面承担着重要职责。随着5G、6G等新一代通信技术的发展，国企在提供高速、高品质的通信服务方面具有显著优势，为国家经济发展和民生提供了重要支撑。强化国企经营管理风险防控，有助于保障通信网络的安全，降低因通信故障或网络安全问题引发的国家安全风险。

国企还在环境保护、社会福利等方面担任重要责任。环境保护是国家生态文明建设的关键，国企在污染防治、资源循环利用、生态修复等方面承担着重大任务。加强国企经营管理风险防控，有助于国企在履行社会责任方面更加出色。例如，在环境保护方面，国企能够有效地防范和应对环境污染风险，确保国家生态安全。同时，国企在新能源、环保技术等领域的研发和应用，为实现国家绿色发展目标提供了有力支撑。在社会福利方面，国企通过优化资源配置和提高运营效率，为国家提供更多公共服务，提高民众生活水平。在医疗、教育、养老等领域，国企承担着改善民生、提高国民福祉的重要使命，其稳健的经营管理风险防控对于保障民众福祉具有重要意义。

最后，国防这一关键领域，国企更是"顶梁柱"的存在。国企是国防工业的重要支柱，负责为国家提供先进的武器装备和技术。通过加强国企经营管理风险防控，可以确保国防工业的稳健发展，为维护国家安全提供坚实保障。国防工业是关乎国家主权和安全的核心产业，国企在此领域的发展具有战略意义。国企在武器装备研发、生产、维修等环节具有丰富经验和雄厚实力，为提升国家综合国防能力提供了有力保障。此外，国企通过不断突破关键技术、提高武器装备的性能，为国家在全球军事竞争中争取主动。还承担着国防资源的优化配置和国防体系的建设任务，通过加强与军队的协同作战能力，提高国家战略威慑力量。

从上述分析可以看出，国企经营管理风险防控在保障国家安全和稳定中，起到了保障国家关键领域稳定运行的作用。这是因为国企在关键领域具有举足轻重的地位，承担着国家利益的维护与发展任务。通过加强经营管理风险防控，国企能够及时识别、评估和应对潜在风险，从而确保关键领域的稳定运行，为国家安全和稳定提供有力保障。

三、维护国家金融安全

国企经营管理风险防控在保障国家安全和稳定中，起到了维护国家金融安全的作用。这一作用机制表现在国企在国内外金融市场中的稳定作用、降低金融机构信贷风险、维护良好信用环境以及抵御国际金融风险等方面。通过加强经营管理风险防控，国企能够及时应对各类风险，确保金融市场的稳定运行，为国家金融安全提供坚实的保障。

首先，国企作为主要的融资主体，其负债规模和偿债能力对金融机构的风险敞口具有重要影响，其经营状况直接影响到国家金融市场的稳定。这是由于国企往往具有庞大的资产规模和较高的杠杆率，如果其经营管理风险未得到有效控制，可能导致国企的财务危机，进一步引发金融市场的不稳定。通过加强经营管理风险防控，国企可以保持稳健的财务状况，降低金融机构的信贷风险，从而减少金融体系的不稳定因素，为金融市场的稳定运行创造良好条件。

其次，国企在金融市场中的重要地位使其成为金融机构的主要合作伙伴，通过国企与金融机构之间的合作，可以推动金融创新，培育新的风险防范机制，提高整个金融体系的韧性。很多国企依赖金融市场融资来支持其发展。有效的经营管理风险防控能够降低国企的财务风险，进而避免国企陷入信用风险。这有助于维持国内金融市场的信用环境，防范金融风险传导，确保金融体系的稳健运行。

再次，金融机构在为国企提供融资支持的过程中，需要对国企的信用风险、市场风险和操作风险等进行评估。国企加强经营管理风险防控，可以降低金融机构的风险敞口，减轻金融机构的资本压力，提高其抗风险能力。这有助于维护金融市场的稳定和可持续发展，增强金融体系对外部冲击的抵御能力。

最后，在经济全球化的背景下，国家金融体系面临着诸多挑战，如跨境资本流动、国际金融市场波动等。通过采用现代国企管理方式，完善公司治理结构，提高内部风险控制水平，国企能够实现高效、规范运营，增强金融市场的信心。加强国企经营管理风险防控，可以提高国企信息披露的质量和透明度，为投资者提供更为准确、全面的投资决策信息。这将有助于吸引国内外投资者，降低投资者的信息不对称风险，促进资本市场的健康发展，进一步巩固国家金融安全。

综上所述，国企经营管理风险防控在保障国家安全和稳定中，起到了维护国家金融安全的作用。这一作用机制既体现在国企在国内外金融市场中的稳定作用，也表现在提高国家金融体系抗风险能力、促进金融市场发展等多个方面。因此，加强国企经营管理风险防控对于确保国家金融安全具有重要意义。

四、维护国家政治安全

在国企经营管理风险类型中，政治风险也是其中之一。国企作为国家的经济代表，其稳定发展直接关系到国家政治稳定。通过加强经营管理风险防控，可以有效避免因国企发展问题引发的政治风险，从而保障国家政治稳定。具体可以从以下四个方面来理解。

首先，政治风险与国企的声誉密切相关，这一点在国家政治安全中具有重要意义。国企作为国家的代表，其形象和声誉对国家整体形象产生直接影响。一家声誉良好的国企能够为国家树立良好形象，进而提高国家在国际舞台上的地位。在国企经营过程中，管理层需要时刻关注潜在风险，确保国企经营稳健。这包括但不限于制定严格的内部审计制度、规范国企经营行为、优化国企组织结构等。加强风险防控能够有效避免国企发展中可能出现的问题，如财务风险、运营风险、法律风险等，从而维护国企的良好声誉。良好的国企声誉有利于提高国企维护国家形象，如果可能引发负面舆论，则可能影响国家政治稳定。

其次，政府通过国企来实施一系列政策，以促进经济发展、民生改善等。政策执行得顺利与否关系着国家政治稳定和政府公信力。在这个过程中，国企与政府部门之间的沟通与协作能够将政策目标落实到具体的经营行动中。因此，加强国企经营管理风险防控是确保政策顺利实施的重要前提，避免因国企管理不善而影响政策效果。国企管理层还应关注政策目标，制定切实可行的执行方案，确保政策能够在国企内部得到有效推广与实施。

再次，国企在国家治理体系中具有重要地位，与政府部门、行业组织、民间国企等各方密切合作。良好的政商关系有利于推动国家政治体制改革，提高政治体制的适应性和稳定性。国企作为政府与市场之间的纽带，在维护政商关系中发挥关键作用。通过加强风险防控，国企能够与各方建立更紧密的合作关系，实现资源共享、优势互补，推动国家经济社会发展。

最后，国企涉及大量员工的就业和福利问题，国企经营状况对社会稳定产生直接影响。社会稳定是国家政治安全的基石。在当前国际国内政治经济环境中，维护社会稳定显得尤为重要。国企作为国家经济的重要支柱，其经营管理风险防控在维护国家政治安全方面具有重要意义。加强国企经营管理风险防控，有利于保障员工的稳定就业和收入，缓解社会矛盾，维护社会稳定。

综上所述，国企经营管理风险防控在维护国家政治安全方面具有重要意义。加强国企风险防控能够保持国企良好声誉、确保政策顺利实施、促进政商关系和谐、维护社会稳定，为国家政治安全提供坚实保障。面对日益复杂的国际国内形势，国企应进一步增强风险防控意识，全面加强风险防控体系建设，为维护国家政治安全做出积极贡献。

第二节 维持国企经营与发展

国企经营管理风险防控对于维持国企经营与发展具有重要意义。在当前全球化、信息化的背景下，国际国内市场环境日趋复杂多变，国企面临着来自各个方面的风险挑战。国企经营管理风险防控关系到国企本身的健康发展，有利于维持国企经营与发展。

一、维护国企的财务稳定

财务稳定是国企持续发展的基础，对于国企经营成果和资金安全具有关键意义。在不断变化的市场环境中，国企面临着来自各个方面的财务风险，包括流动性风险、会计处理风险等。加强国企经营管理风险防控，有助于及时识别和应对这些财务风险，确保国企资金安全、流动性充足，从而为国企经营与发展创造良好的财务环境。具体的作用机制可以从以下五个方面来理解：

第一，加强风险防控有助于提高国企的财务预警能力。财务预警是在国企财务风险管理中的重要环节，通过对财务数据和关键指标的监测、分析和预测，可以及时发现潜在的财务风险，从而采取措施进行应对。国企应建立健全财务预警机制，定期进行财务风险评估，及时关注市场变化、政策调整等对国企财务状况产生影响的因素。通过加强财务预警，国企能够提前发现潜在问题，防范财务风险，确保国企财务稳定。

第二，加强风险防控有助于优化国企的资产负债结构。合理的资产负债结构对于国企财务稳定和发展具有重要意义。国企应根据市场环境、国企发展战略等因素，制定合理的资产负债策略，调整国企资本结构，降低负债成本，增强国企抵御风险的能力。通过加强风险防控，国企能够更好地控制负债规模，确保国企资产负债结构处于合理范围，从而降低财务风险。

第三，加强风险防控有助于提高国企的资金运作能力。资金运作是国企维护财务稳定、保障国企发展所必需的关键环节。国企应注重提高资金运作效率，优化现金流管理，合理调整资金投资和融资策略。通过加强风险防控，国企能够更好地实现资金的合理配置和有效利用，降低国企的融资成本，提高国企的资金运作水平。这有助于确保国企在复杂多变的市场环境中具备足够的财务实力，应对潜在的经营风险。

第四，加强风险防控有助于提升国企的内部控制水平。内部控制是国企风险管理的核心环节，对于维护国企财务稳定具有重要作用。国企应建立完善的内部控制制度，规范国企经营管理流程，加强对财务报告的审计监督。通过加强内部控制，国企能够及时发现财务违规行为，防范内部舞弊风险，确保国企财务信息的真实性和可靠性。这有助于提高国企的透明度，为国企经营与发展创造有序的管理环境。

第五，加强风险防控有助于增强国企的风险应对能力。面对不确定的市场环境，国企需要具备强大的风险应对能力，才能抵御外部风险对国企财务稳定的冲击。国企应加强风险管理意识，建立灵活的风险应对机制，对可能出现的风险进行预测、评估和应对。通过加强风险防控，国企能够更好地应对市场波动、政策变化等外部因素，降低国企财务风险，为国企经营与发展提供坚实保障。

二、提高国企的经营效率

国企经营管理风险防控在维持国企经营与发展方面,有利于提高国企的经营效率。经营效率是衡量国企竞争力的关键因素,直接影响国企的市场地位和盈利能力。通过加强风险防控,国企能够系统性地分析各种潜在风险,制定科学合理的经营策略,优化资源配置。这有助于提高国企生产、销售等各个环节的效率,降低成本,提高盈利能力。在激烈的市场竞争中,高效的经营管理是国企持续发展的关键。

第一,加强风险防控有助于提高国企的生产效率。生产效率是国企经营效率的重要组成部分,关系到国企产品质量、成本和产能。通过加强风险防控,国企能够识别生产过程中可能出现的风险,如原材料价格波动、生产设备故障、产品质量问题等。针对这些风险,国企可以采取相应措施,如优化采购策略、加强设备维护、完善质量管理体系等。这有助于确保生产过程的顺利进行,降低生产成本,提高生产效率。

第二,加强风险防控有助于提高国企的销售效率。销售效率是衡量国企市场竞争力的关键指标,直接影响国企的盈利能力和市场份额。通过加强风险防控,国企能够识别销售过程中可能出现的风险,如市场需求变化、竞争对手策略调整、渠道管理问题等。针对这些风险,国企可以采取相应措施,如制定灵活的销售策略、加强竞争情报收集、优化渠道管理等。这有助于提高销售业绩,扩大市场份额,提升国企经营效率。

第三,加强风险防控有助于提高国企的研发效率。研发效率关系到国企产品创新能力和核心竞争力,对于国企长远发展具有重要意义。通过加强风险防控,国企能够识别研发过程中可能出现的风险,如技术突破困难、项目延期、知识产权纠纷等。针对这些风险,国企可以采取相应措施,如优化研发团队配置、制定切实可行的研发计划、加强知识产权保护等。这有助于提高研发效率,缩短产品上市周期,提升国企创新能力和市场竞争力。

第四，加强风险防控有助于提高国企的人力资源管理效率。人力资源是国企发展的关键要素，对国企经营效率具有重要影响。通过加强风险防控，国企能够识别人力资源管理过程中可能出现的风险，如员工流失、劳动纠纷、招聘困难等。针对这些风险，国企可以采取相应措施，如完善员工激励机制、加强劳动关系管理、优化招聘渠道等。这有助于提高人力资源利用效率，降低人力成本，增强国企核心竞争力。

第五，加强风险防控有助于提高国企的供应链管理效率。供应链管理效率是国企应对市场变化和降低运营成本的关键因素。通过加强风险防控，国企能够识别供应链管理过程中可能出现的风险，如供应中断、物流延误、库存积压等。针对这些风险，国企可以采取相应措施，如建立多元化供应体系、优化物流网络、实施精细化库存管理等。这有助于提高供应链管理效率，降低国企运营成本，提升国企经营效率。

三、规避法律风险

国企经营管理风险防控在维持国企经营与发展方面，有利于规避法律风险。法律风险是国企经营过程中不可忽视的问题，涉及国企合同履行、税收、环保、劳动关系等多个方面。国企作为国家的代表，其合规经营对维护国家形象具有重要意义。通过加强风险防控，国企能够在各个层面建立健全法律制度，及时关注法律法规的变化，确保国企经营活动符合法律要求。这有助于降低因法律问题引发的诉讼风险，减少国企经济损失，为国企经营与发展创造稳定的法治环境。

第一，加强风险防控有助于规避合同法律风险。在国企经营过程中，合同是商业活动的基石，涉及供应商、客户、合作伙伴等多方利益。国企通过加强风险防控，能够提高合同管理水平，确保合同的合法性、有效性和可执行性。这包括制定合同管理制度、明确合同审查程序、加强合同风险防范等。通过有效的合同管理，国企可以降低合同纠纷发生的概率，避免因合同问题导致的经济损失和声誉损害。

第二，加强风险防控有助于规避税收法律风险。税收问题是国企经营过程中容易引发法律风险的一个重要领域。国企通过加强风险防控，能够确保国企税收筹划和税收申报符合法律法规要求，避免税收违规行为。这包括建立健全税收管理制度、加强税收风险监控、提高员工税收法律意识等。通过有效的税收管理，国企可以降低税收违规风险，减少因税收问题导致的罚款和附加费用。

第三，加强风险防控有助于规避环保法律风险。环保问题已成为全球关注的焦点，国企在经营活动中需要严格遵守环保法律法规。国企通过加强风险防控，能够确保国企生产和排放过程符程符合环保标准，有效控制环境污染风险。这包括建立环保管理制度、加强环保设施投入、开展环保培训和监督等。通过有效的环保管理，国企可以降低因环保问题引发的行政处罚和诉讼风险，为国企经营与发展创造良好的社会环境。

第四，加强风险防控有助于规避劳动法律风险。劳动关系是国企经营过程中涉及广泛的法律问题，包括员工招聘、用工、福利、解雇等方面。国企通过加强风险防控，能够合理规范劳动关系，确保国企用工行为符合法律法规要求。这包括建立劳动用工制度、明确员工权益保障、加强劳动合同管理等。通过有效的劳动关系管理，国企可以降低劳动纠纷发生的概率，避免因劳动问题导致的经济损失和声誉损害。

第五，加强风险防控有助于规避其他法律风险，如知识产权、反垄断、产品质量等方面。国企通过加强风险防控，能够在各个方面提高法律合规水平，确保国企经营活动不受法律风险影响。这包括加强知识产权保护、合理遵守市场竞争规则、确保产品质量安全等。通过全面的法律风险防控，国企可以降低因各种法律问题导致的经济损失和声誉损害，为国企经营与发展创造稳定的法治环境。

四、提高国企的市场竞争力

国企经营管理风险防控在维持企业经营与发展方面，有利于提高国企的市场竞争力。市场竞争是企业发展的外部驱动力，企业要想在市场中立足，就必须具备强大的竞争力。通过加强风险防控，国企能够深入了解市场需求、竞争对手以及政策环境等方面的信息，以便制定针对性的市场策略，提高产品和服务的竞争力，还能及时应对市场变化，抓住市场机遇，实现快速发展。

首先，国企通过加强风险防控能够更好地把握市场趋势和客户需求。在激烈的市场竞争中，了解市场动态和客户需求是提高竞争力的关键。国企可以通过建立健全的市场调查和信息收集机制，及时了解市场变化和潜在客户需求，有针对性地调整产品和服务策略，以满足市场需求。这样，国企就能在市场中占据有利地位，提高市场份额。

其次，国企通过加强风险防控能够有效应对竞争对手。在市场竞争中，了解竞争对手的战略、优势和弱点，对于提高自身竞争力至关重要。国企可以通过风险防控手段，加强对竞争对手的分析和研究，以便制定有针对性的竞争策略，降低竞争风险。同时，国企还可以通过加强合作和联盟，共同应对市场竞争，提高整体竞争力。

最后，国企通过加强风险防控有利于提高创新能力。创新是企业发展的内在动力，对于企业长远发展具有关键意义。通过加强风险防控，国企能够在技术、管理、市场等方面开展多元化的创新实践，提高企业的研发能力和创新成果转化能力。同时，加强风险防控还能为企业创新提供稳定的发展环境，降低创新过程中的潜在风险。创新能力的提高有助于国企在市场中保持竞争优势，推动企业持续发展。

第三节　提高企业社会信任度

在市场竞争日益激烈的环境下，消费者和合作伙伴越来越注重企业的信誉和口碑。一家具有较高社会信任度的企业，意味着其能够更容易赢得客户的信任、吸引投资、拓展业务，从而在竞争中占得先机。同时，社会信任度还与企业的可持续发展密切相关，当企业在诸如环保、社会责任等方面展现出良好的社会信任度时，将更有利于在行业中树立良好的形象，为企业长远发展创造有利条件。因此，对国企而言，提高社会信任度不仅是发展战略的核心内容，也是实现可持续发展的重要保障。而经营管理风险防控有利于提高企业社会信任度，这对国企而言意义重大。

一、促进合规经营

合规经营是企业提高社会信任度的基础。国企经营管理风险防控是一个从内部管理到具体执行，全方位落实风险防控措施的过程，通过系统、持续的工作来促进合规经营，以赢得社会的信任和支持。最终提高社会信任度。

在内部管理方面，经营管理风险防控要求国企建立健全风险管理体系，明确风险管理责任，确保风险防控措施的执行力。通过制定详细的风险防控规程、制度和流程，对企业各个层面的风险进行识别、评估和控制。例如，财务方面的风险防控涉及严格的内部审计和财务监控，确保企业财务数据的真实性和准确性。法律方面的经营管理风险防控会要求国企加强法律法规的学习和宣传，增强全体员工的法治意识。这有助于确保企业在各个业务领域都能够合规合法地开展经营活动，降低因违法行为而导致的经济损失和信誉损失。

此外，经营管理风险防控需要国企加强信息披露透明度，定期公开企业的财务报表、经营状况和风险控制情况，让投资者、消费者和社会各界对企业有更清晰的了解，这有助于提高企业在市场中的信任度。透明的信息披露机制使得企业在面对外部压力时，能够展现出合规经营的决心和实力，从而进一步提升企业的社会信任度。

通过这一系列的风险防控措施，国企可以在诚信经营的基础上，提高企业的合规性，确保企业在市场竞争中立足。良好的合规经营形象将为企业赢得广泛的社会信任，进而吸引更多的客户、合作伙伴和投资者，为企业的持续发展创造良好的外部环境。

二、提高产品质量与服务水平

产品质量与服务水平在很大程度上决定了企业的社会信任度，因为二者直接影响着客户的满意度和忠诚度。当企业能够提供高品质的产品和优质的服务时，客户更有可能对企业产生信任，并愿意与企业建立长期的合作关系。这种信任关系不仅有助于企业吸引和留住客户，还能通过口碑传播，提高企业在市场上的知名度和影响力，最终提高社会信任度。

国企提高社会信任度的关键之一就是确保产品和服务的质量始终保持在高水平，以满足客户需求和期望。而经营管理风险防控对此具有积极影响。在经营管理风险防控的要求下，国企会在供应链管理方面下功夫，确保从源头上把关产品质量，会对供应商进行严格的筛选和评估，确保所选供应商具备良好的质量管理体系和稳定的产品质量。同时，国企还会与供应商建立紧密的合作关系，通过技术支持、质量培训等方式帮助供应商提升质量水平，从而确保原材料的品质。

在生产过程中，国企会加强对生产流程的监控和管理。这包括建立严格的质量检验体系，对生产过程中的每个环节进行质量把关，确保不良品率降到最低。在服务方面，国企会关注客户的需求和满意度，建立完善的客户关系管理体系，以便更好地了解客户的需求、预期和反馈。同时积极与客户沟通，及时解决客户遇到的问题，提供优质的售前、售中和售后服务。最终通过提供满意的服务，国企可以获得客户的认可和信赖，从而提高社会信任度。

另外，对于外部风险的防控会使国企持续关注市场动态和客户需求的变化，这包括对市场趋势、竞争对手和新兴技术的关注，会让国企及时调整产品和服务策略，以便在产品和服务方面保持领先地位。

三、健全企业文化

企业文化是企业的灵魂，体现了企业的核心价值观和经营理念，一个积极向上的企业文化会让外界对企业产生良好的印象。当企业形象得到提升，客户、合作伙伴和投资者等利益相关方都会更加信任企业。同时，一个良好的企业文化能够激发员工的潜能，让员工更加投入地为企业发展贡献力量。当员工积极性高、凝聚力强时，企业的整体执行力和创新力就会得到提升，进而提高企业的产品质量和服务水平，提升企业的社会信任度。由此可见：健全企业文化对于提升企业的社会信任度具有重要意义。

国企通过经营管理风险防控确实可以在一定程度上健全企业文化。经营管理风险防控与企业文化之间存在着密切的联系，二者相辅相成，共同推动企业健康发展。而国企经营管理风险防控也正通过健全企业文化来提升国企的社会信任度。

在风险防控的过程中，风险意识的培养是提高国企整体风险防控能力的关键。国企需要从高层到基层全员参与，形成风险防控的共识。通过不断强化员工对风险的敏感度，使风险意识深入人心，形成全员参与的风险防控氛围。这种对风险的关注和重视，有助于国企文化的健全，也使得国企在面临潜在风险时能够迅速响应，确保国企的稳健运营。

同时，创新和进取精神是推动国企持续发展的动力。在经营管理风险防控中，国企应当勇于创新，不断追求卓越。创新不仅体现在产品和技术上，还包括管理模式、服务理念等方面。国企应当鼓励员工积极创新，敢于挑战，形成创新、进取的国企文化。这种国企文化能够激发员工的潜能，提高国企的竞争力，为国企的长远发展奠定基础。

此外，关爱员工和重视人才是健全国企文化的重要方面。国企在经营管理风险防控中，需要关注员工的成长和福利，打造良好的工作环境，提供丰富的职业发展机会。对于优秀人才给予充分的认可和激励,以保持人才队伍的稳定性和活力,注重员工的培训和发展,提高员工的业务能力和素质,为国企的持续发展储备人才。通过关爱员工和重视人才,国企可以培育出一种团结、和谐的国企文化,有利于提高员工的幸福感和忠诚度,从而为国企的稳健发展提供人力支持。

第三章　事前防范：国企经营管理风险识别与预警

第三章　事前防范：国企经营管理风险识别与预警

在当今日新月异的市场经济环境下，国有企业作为国家经济的重要支柱，在稳定国家经济和社会发展中承担着重要的使命。然而，在市场竞争日益激烈的背景下，国企面临着诸多经营管理风险，如何在风险中求生存、求发展，已成为国有企业持续发展的关键问题。为了帮助国企在这一挑战中应对自如，经营管理风险的防控必不可少。

国有企业的风险防控又称全面风险管理，指企业围绕总体经营目标，通过在企业管理的各个环节和经营过程中执行风险管理的基本流程培育良好的风险管理文化，建立健全全面风险管理体系。具体需要从事前防范、事中控制和事后应对三个方面多管齐下，才可能实现全面的风险识别、预警、监测、控制和应急。而在整个过程中，事前防范具有至关重要的地位。事前防范旨在通过识别和预警可能出现的风险，避免风险事故的发生，是风险管理的重点。为此，国企需要加强投资项目可行性研究和尽职调查、制定合理的风险分级标准、搭建数字化风险预警系统。这将为国企提供全面、准确的风险信息，从而有针对性地制定风险防范措施，为企业稳健发展奠定基础。

第一节　加强投资项目可行性研究和尽职调查

投资并购是国企业务拓展和规模扩张的常见活动，但在国有企业投资项目活动中，风险无处不在，包括投资决策、项目策划、实施管理以及后期运营等环节都可能存在潜在风险。为此，国企还需结合实际情况加强投资项目可行性研究和尽职调查,以确保在不断变化的市场环境中实现项目的稳健运转。

一、项目可行性研究与风险识别

(一)项目可行性研究

项目可行性研究是在企业投资决策过程中对拟开展项目进行全面、系统的分析和评估,旨在确定项目的经济效益、社会效益、技术可行性、市场需求以及相关风险等方面的现实性和合理性。通过项目可行性研究,企业能够在项目实施前对项目进行全面评估,为决策提供依据,降低投资风险。

首先,企业在进行投资项目决策时,首要目标是实现经济效益的最大化。因此,在项目可行性研究中,企业需要评估项目的投资回报率、净现值、内部收益率等指标,以确保项目具备良好的盈利能力。此外,企业还需进行成本效益分析,合理预估项目的建设成本、运营成本、人力成本等,从而在项目实施过程中有效控制成本,提高投资项目的经济效益。

其次,项目可行性研究关注投资项目的社会效益。在当今社会,企业的发展不仅要追求经济效益,还需要关注企业的社会责任,兼顾经济、环境和社会三方面的利益。因此,在进行项目可行性研究时,企业会评估投资项目对环境、社会、公共安全等方面的影响,确保投资项目的实施能够符合国家政策要求,为社会带来积极效益。

技术可行性是项目可行性研究的另一个重要方面。技术可行性分析主要是评估投资项目所涉及的技术是否成熟、可靠,以及投资项目技术水平是否符合行业标准。此外,企业还需关注投资项目的技术创新能力,评估新技术、新产品在市场中的竞争优势。在技术可行性分析过程中,企业需要与专业技术人员、行业专家进行充分沟通,以确保投资项目的技术水平和创新能力得到充分体现。

市场需求分析同样是项目可行性研究中不可忽视的环节。企业在进行市场需求分析时，需要了解目标市场的规模、竞争格局、消费者需求等方面的信息。通过对市场需求的深入了解，企业能够合理确定投资项目的市场定位，制定有效的市场营销策略。同时，企业还需关注市场需求的变化趋势，以便及时调整投资项目策划和产品设计，满足市场的实际需求。市场需求分析的准确性直接关系到投资项目的成功与否，因此企业在进行项目可行性研究时，必须重视市场调查和分析工作。

最后，也是最值得注意的地方，企业还需要识别和评估投资项目在实施过程中可能遇到的各种风险，包括政策风险、市场风险、技术风险、管理风险等，并制定相应的风险应对措施，降低风险对投资项目的影响。通过对风险的预测和预警，企业能够在投资项目实施过程中采取有针对性的措施，确保投资项目的顺利进行。

总之，项目可行性研究是企业投资决策的前提和基础，关系到投资项目的成功与否。通过对投资项目经济效益、社会效益、技术可行性、市场需求和风险评估的全面分析，企业能够确保投资项目的可行性和可持续性。在市场竞争日益激烈的今天，只有充分重视和完善项目可行性研究，企业才能在众多投资项目中站稳脚跟，实现长远的稳健发展。

（二）投资项目可行性研究中风险识别的作用

根据上述投资项目可行性研究内容的介绍，已知风险的识别是投资项目可行性研究的重要内容之一。在企业投资项目可行性研究中，风险识别是确保投资项目顺利实施、降低投资风险的关键环节。风险识别涉及对投资项目可能遇到的各种潜在风险进行全面、系统的分析，从而帮助企业在投资项目实施前及时制定风险防范措施，降低不良影响，提高投资项目成功率。

一方面，风险识别有助于企业对拟开展投资项目进行全面了解。企业需要对投资项目进行全面、深入的研究，以确保投资决策的科学性和有效性。风险识别作为投资项目可行性研究的重要内容,能够帮助企业发现投资项目的潜在问题和隐患,进而完善投资项目策划和实施方案。通过对投资项目风险的识别,企业能够提前了解投资项目可能面临的困难和挑战,为投资项目实施提供有力支持。

另一方面,风险识别有助于降低企业的投资风险。企业在进行投资决策时,往往需要承担一定的投资风险。而风险识别正是帮助企业降低投资风险的有效手段。通过对投资项目风险的识别,企业能够更加准确地预测投资项目的投资回报和风险水平,从而避免盲目投资,降低投资失败的可能性。同时,风险识别也有助于企业在多个投资项目中进行选择,确保投资决策的合理性和有效性。

二、加强国企投资项目可行性分析实践

(一)国企投资项目可行性分析的过程

国企投资项目可行性分析主要经历以下四个环节,如图3-1所示。

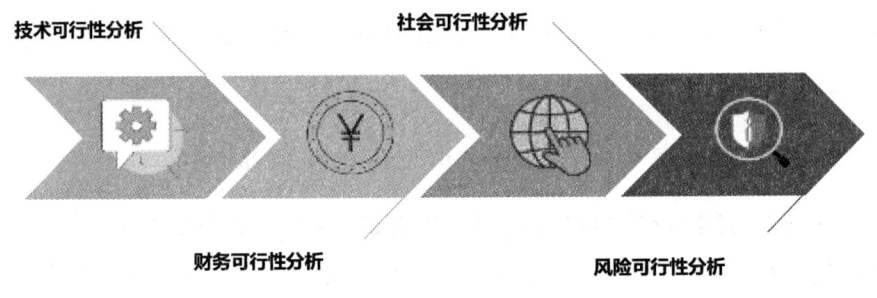

图3-1 国企投资项目可行性分析的过程

1. 技术可行性分析

从技术可行性角度审视国企投资项目,需要对投资项目所涉及的技术方面展开深入而全面的剖析。比如,国企拟投资一款新型机械仪器,其首要任务便是确保所涉及的制造工艺和技术在理论上具备实现的可能性。

在此过程中,企业需深入研究该机械仪器的制造流程,对每一

个环节进行严谨的评估,确保技术上的创新和突破能够融会贯通。为了确保技术上的创新和突破能够成功实现,企业需对实际操作中的稳定性和可靠性予以充分重视。这就要求企业制定具体的实施步骤,对机械仪器的制造过程进行技术验证,从而为投资决策提供技术可行性的坚实保障。在这一过程中,企业应充分调动内部技术人员的专业能力,通过模型建立和运行模拟等方式,对机械仪器的性能和运行情况进行全面而深入的验证,从而为投资决策提供技术可行性的有力保证。

同时,企业应当关注技术发展的前沿动态,紧跟行业发展趋势,以便对投资项目的技术可行性进行更为准确的判断。这需要企业在市场调研、行业分析等方面下足功夫,及时掌握技术进步的最新成果,为投资决策提供有力的技术支持。值得注意的是,技术可行性分析并非一成不变,企业应随着技术发展和市场变化,不断调整和优化投资项目的技术可行性评估。

2. 财务可行性分析

在国企投资项目的可行性分析中,财务可行性分析作为关键环节,应当得到充分重视。国企需从多个层面全面评估投资项目的财务可行性,确保投资决策的科学性、合理性与有效性。

在财务可行性分析方面,国企必须以严谨的态度,全面评估投资项目的盈利潜力、财务实力以及企业自身的财务承受能力。作为决策的重要支柱,财务可行性分析关乎国企投资项目的成败得失,因此应当引起高度重视。在这一过程中,国企不仅需要深入研究投资项目的预算与现有资金持有能力之间的关系,更需要对国企资本进行合理评估与高效利用,以确保投资决策的可行性与可持续性。

国企在制定投资决策前,应当依据自身的财务状况进行详尽的分析,明确合理的投资规模和适宜的投资数额。在此过程中,国企需要充分考虑其目前所能承受的财务风险能力,制定周密的风险防范措施,确保在追求投资收益的同时,能够妥善应对潜在的风险挑战。若投资所需资本远超过国企所能承担的资本量，国企在决策过程中务必慎之又慎，权衡投资项目的各种利弊，以防止投资决策导致国企陷入财务困境。在此情况下，国企或许可以寻求与其他投资方合作，共同分担投资风险，或者寻求政府和金融机构的支持，为投资项目提供有力的财务保障。

此外，国企在进行财务可行性分析时，还应关注投资项目的长期盈利能力和现金流状况。通过对项目的财务预测和敏感性分析，国企能够更加准确地把握投资项目的盈利前景和现金流风险，从而为投资决策提供更为全面和可靠的财务依据。

3. 社会可行性分析

在国企的投资可行性分析过程中，社会可行性分析作为一项关键评估环节，其重要性不言而喻。社会可行性分析通常涵盖社会环境、市场环境和政治环境三个方面的综合考量，以确保投资项目在各个层面都能够顺利推进，为企业带来长远的发展。

社会环境方面，国企需关注社会稳定性、社会道德等因素的影响。这意味着企业在进行投资决策时，应充分考虑其项目对社会和谐、环境保护、民生福祉等方面的影响，力求在追求经济效益的同时，实现对社会责任的履行。在这一过程中，企业需要紧密结合国家政策导向和民众诉求，制定具有社会责任感的投资策略，以促进社会可持续发展。

市场环境方面，国企需要从市场结构、市场运行趋势等多个维度展开可行性分析。这包括对行业竞争格局、目标市场需求、潜在客户群体等因素进行全面评估，以确保投资项目具备良好的市场前景和竞争优势。此外，企业还需关注市场政策变化、消费者行为变迁等因素，以便及时调整投资策略，确保其投资项目始终紧跟市场发展脉络。

政治环境方面，国企应从政治体制、政策方针等角度进行可行性分析。作为国情下特有的企业主体，国企在进行投资决策时，不仅要关注国内政治环境，尤其是在国际市场上进行投资决策时，更需要充分了解目标国家的政治风险、政策导向和法律法规等因素，以确保投资项目在政治层面的可行性和安全性。

4.风险可行性分析

在国企进行项目投资决策时，风险可行性分析是一个至关重要的环节。作为一个综合性的评估体系，风险可行性分析涉及市场风险、技术风险、财务风险，以及法律风险等多个层面。国企在投资决策过程中，需对投资项目的风险进行全面评估，确保企业能够承担相应的风险。如果投资项目的预估风险超过了企业的承受能力，决策者则需要慎重权衡。一旦决定承担风险并继续投资，企业必须实施相应的风险分散措施和规避应对方案，以确保投资项目的成功实施。

以房地产类投资项目的风险可行性分析为例，国企一要进行市场分析和需求预测，对投资项目所在区域的市场潜力和需求趋势进行全面把握；二要对该房地产投资项目进行具体决策分析，评估项目的可行性和收益潜力；三要预估采用银行借贷方式筹措资金的可能性和负担程度；四要根据市场相关行情数据，对房地产投资项目的未来发展进行预测；五要通过对财务数据和项目的市场数据进行进一步计算分析，计算出该房地产投资项目的预期投资利润率和资本金净利润率；六要对项目的清偿能力进行分析，确保资金来源和去向在整个项目周期内保持平衡；七要对投资、收房价格、租房价格等不确定性因素进行敏感性分析；八要对预期投资决策的临界点进行分析，以便在面临不确定性因素时做出适当的调整。

最终，通过这一系列的分析得出相关的决策结论，为投资项目的实施提供有力的支持。

（二）国企投资项目可行性分析的实践策略

1.选择科学的可行性分析模型

在国企进行项目投资决策时，必须从财务角度、国企自身角度以及社会和市场因素等多重维度进行全面的可行性分析，以确保投资项目能够实现盈利，使国企获得预期的投资收益。为了更准确地评估投资项目的财务效益和可行性，国企应建立科学、合理且符合市场规律的项目数据模型，从而为投资决策提供坚实的依据。例如，国企在进行财务成本费用计算时，需对材料价格和数量等数据进行合理设置。其中，国企应充分考虑项目的行业市场的价格和数量状况，结合项目目标国企的历年价格和产量数据，既不低估也不高估材料价格和产量，以避免对项目的财务效益产生误导。

在国企投资项目的决策过程中，选择科学的可行性分析模型至关重要，因为这将为国企提供准确、全面的信息以支持其投资决策。为确保项目在经济、社会和环境等方面的可持续性，国企需要对投资项目从财务、市场、技术等多个角度进行全面评估。

以下是如何选择科学的可行性分析模型的建议：

第一，充分了解投资项目的性质和目标。不同类型的项目可能需要采用不同的分析方法。因此，在选择可行性分析模型时，国企应首先明确项目的具体性质，包括项目的行业、技术、市场等特征，以便选用适当的评估方法和指标。

第二，选择适当的评估方法。财务可行性分析是投资项目评估的核心环节，国企需要确保所选模型能够全面地评估项目的成本、收益和风险。在选择财务评估方法时，国企可考虑采用净现值法、内部收益率法、财务报表分析法等常用的财务评估方法，以获取对项目经济效益的全面了解。

第三，关注市场和竞争环境的分析。国企在进行投资决策时，应充分考虑市场需求、竞争态势、行业发展趋势等因素，以确保所选项目具有市场前景。在这方面，国企可采用PEST分析法（政治、经济、社会、技术）、SWOT分析法（优势、劣势、机会、威胁）等方法对项目的市场环境进行全面评估。

第四，充分评估项目的社会影响和环境影响。国企作为社会责任的重要承担者，应确保其投资项目对社会和环境的影响最小化。在选择可行性分析模型时，国企应充分考虑项目在社会稳定、环境保护、资源利用等方面的影响，并采用相应的评估方法，如环境影响评价、社会责任评价等。

第五，充分考虑项目的风险因素。投资项目的成功实施往往面临诸多不确定性因素，如市场风险、技术风险、政策风险等。在选择可行性分析模型时，国企应将风险评估纳入模型中，以确保决策者能够全面了解项目的风险水平。在风险评估方面，国企可采用敏感性分析、蒙特卡罗模拟等方法对项目的不确定性因素进行量化分析，并根据结果调整项目方案或采取相应的风险应对措施。

方法是多样的，并非唯一的，在具体的实践中，国企可以根据自身情况和项目需求，结合多种方法和模型，构建一个综合性的可行性分析模型框架。这种框架可以包括多个层次和维度，涵盖项目的经济、社会、环境、技术、政策等各个方面，以实现对投资项目的全方位评估。通过这样的分析框架，国企不仅能够发现项目的优势和潜在价值，还能够及时发现并解决项目存在的问题和风险，从而提高投资决策的质量和效率，实现项目投资的最大价值。

2. 理性把握原则

在国企投资项目的可行性分析过程中，理性把握原则的运用至关重要。这要求国企在进行财务数据和可行性分析时，应站在一个客观、公正的角度，避免出现片面、偏颇的判断。这样，国企才能更好地评估投资项目的优劣势，为投资决策提供全面、可靠的依据。

（1）客观原则。国企在进行投资项目可行性分析时，应遵循客观原则，确保各项数据的准确性和可靠性。这意味着在收集、整理和分析数据的过程中，国企应遵循科学的方法，避免因主观臆断或偏见而产生错误的结论。这包括对市场需求、成本、收益等关键指标的分析和预测，国企应尽量采用权威的数据来源，并结合历史数据、行业趋势等多方面因素进行综合判断。

（2）适度原则。国企在投资决策过程中，应把握适度原则，合理权衡各种因素，避免因过度关注某一方面而忽视其他重要因素。例如，在评估投资项目的盈利能力时，国企不仅要关注项目的直接收益，还要充分考虑项目的间接效益，如品牌影响、技术积累、市场份额等。同时，在分析项目风险时，国企应从多个维度进行评估，如市场风险、技术风险、政策风险等，以确保决策的全面性和科学性。

（3）实事求是原则。国企在进行投资项目可行性分析时，应注重实事求是的原则。这意味着国企在分析和评估项目的过程中，应充分了解项目的实际情况，避免对项目的前景过于乐观或悲观。例如，在进行市场需求预测时，国企应根据行业现状、竞争格局、政策环境等因素进行科学、合理的预测，而非简单地按照过去的经验或者对未来的设想进行预测。

（4）动态调整原则。国企在进行投资项目可行性分析时，应遵循动态调整原则。这要求国企在投资决策过程中，要随时关注市场、政策等外部环境的变化，及时调整项目分析的数据和参数，以确保分析结果的时效性和准确性。这样，国企在投资决策中可以更加灵活地应对不确定性和风险，从而提高投资项目的成功率。

（5）谨慎性原则。最后，国企在进行投资项目可行性分析时，应坚持谨慎性原则。这意味着国企在进行数据分析和模型建立时，要遵循严密的逻辑和科学的方法论，确保投资决策的严谨性。例如，在进行财务分析时，国企应选择适当的财务评价指标，如净现值、内部收益率等，并对这些指标的计算和分析过程进行严格的把控，确保分析结果的可靠性。

3. 合理编制可行性分析报告

可行性分析最终还是要落实到总结报告上才能为决策者所用。因此，一份合理翔实的可行性分析报告价值重大。这需要国企在报告的编制过程中充分考虑其自身的特点和需求，以确保报告的专业性、流畅性、生动性和实用性。具体要注意以下内容：

（1）明确报告的目标与定位。报告编制者需要明确可行性分析报告的目标与定位，充分了解项目的发展背景、市场环境、竞争态势和政策导向，以确保报告能够提供切实可行的建议。

（2）确保报告的结构合理性与条理性。在编制可行性分析报告时，报告编制者应确保报告的结构具有合理性与条理性，遵循逻辑顺序，依次介绍项目背景、市场分析、技术评估、经济评估、环境评估、社会评估、风险评估等内容。在此基础上尽量使用图表、数据和案例等多种表现形式，以提高报告的可读性和易懂性。

（3）突出报告的针对性与实用性。为了提高可行性分析报告的针对性与实用性，报告编制者应在报告中充分展示其自身的特点和优势，从国企自身的发展历程、资源禀赋、产业链地位、技术水平、人才储备等方面进行全面分析，以便为报告的结论和建议提供有力支撑。同时，还应在报告中关注政策法规、市场趋势、竞争对手等外部因素，以确保报告能够为项目决策提供有针对性的指导。

（4）注重报告的风险识别与规避措施。编制可行性分析报告应高度重视风险识别与规避措施，从市场风险、技术风险、政策风险、环境风险、社会风险等多个层面进行全面识别，以便为项目决策提供有效预警。同时还应结合国企自身的实际情况，提出切实可行的风险应对措施。

（5）强化报告的创新性和前瞻性。在编制可行性分析报告时，报告编制者应关注创新性和前瞻性。这意味着要在报告中充分考虑新技术、新业态、新模式等创新因素，并对其对项目的影响进行预测和评估。还应关注行业和市场的发展趋势，以便为项目的未来发展提供有益的启示。

（6）增强报告的可操作性和推广价值。为提高可行性分析报告的可操作性和推广价值，报告编制者应在报告中提出具体、实际的实施方案，结合国企自身的资源禀赋和市场定位，为项目的实施提供明确的指导和支持。同时在报告中展示项目的成功案例和经验教训，以便为其他国企和行业提供参考。

总之，国企需要在报告的编制过程中充分考虑其自身的特点和需求。通过以上六个方面的深入分析和实践，编制出专业、流畅、生动、实用的可行性分析报告，从而为项目的决策和实施提供有力的支持。在这个过程中，国企不仅能够提高自身的投资决策能力，还能够为整个行业的发展和创新提供有益的借鉴。

（三）形成投资项目可行性分析报告

通过以上可行性分析过程和实践策略的把握，国有企业投资项目的可行性分析最终需要形成一份可行性分析报告。这份报告对于国有企业投资决策过程至关重要，系统地阐述项目的各个方面，包括财务状况、市场分析、技术评估、环境影响、风险评估等。通过这份报告，决策者能够全面了解项目的优劣势、风险与机遇，从而做出更加明智和科学的投资决策。同时，这份报告也可以作为与政府部门、合作伙伴、投资者等相关方进行沟通的重要依据，有助于增进各方的信任和支持。

在可行性分析报告中，通常会包含以下几个方面的内容：

一是项目背景与市场环境分析，对项目所在的行业、市场规模、竞争格局等进行详尽的调查与描述，为后续分析提供基础数据和参考依据。

二是项目技术与经济可行性分析，通过对项目的技术方案、成本预估、盈利模式等方面的评估，以期确保项目具备技术上的可行性和经济上的合理性。

三是项目的环境与社会效益评估，分析项目在实施过程中可能带来的环境影响、对社会的贡献等方面，确保项目的可持续发展。

四是对项目的风险与对策进行深入探讨，识别潜在的风险因素，并提出相应的风险防范与应对措施。

最终形成的投资项目可行性分析报告形式可参考以下文本：

【封面】
项目名称：××××国有企业投资项目可行性分析报告

报告编制单位：××××国有企业

报告编制时间：20××年××月××日

【目录】

项目概述

市场分析

技术与生产过程

财务分析

经济效益分析

社会效益分析

环境影响分析

风险分析与对策

结论与建议

【正文】

1 项目概述

1.1 项目背景及目的

本报告旨在对××××国有企业拟投资的××××项目进行全面的可行性分析，以评估项目的经济效益、社会效益、环境影响等方面的表现，为投资决策提供科学依据。

1.2 项目地点与规模

本项目位于××××地区，总投资额为××亿元，计划生产规模为××××。

2 市场分析

2.1 市场需求分析

根据行业发展趋势、潜在需求及相关政策支持等因素，预测项目投产后市场需求情况。

2.2 市场供应分析

分析同行业竞争对手的生产能力、产量、市场份额等数据，评估本项目在市场中的竞争地位。

2.3 市场价格趋势

分析产品价格在过去几年的波动情况，预测未来价格走势。

3 技术与生产过程

3.1 技术方案

详述项目采用的主要技术及其优势、特点等。

3.2 生产过程

描述项目的生产流程,包括原材料采购、生产线搭建、产品加工、质量控制等环节。

4 财务分析

4.1 投资估算

详细列出项目的总投资额、投资构成等,如下表所示(仅供参考)。

序号	项目名称	计算依据	金额	备注
1	工程费用			
2	建安工程费			
3	设备及工器具购置费			
4	工程建设其他费用			
5	土地取得费			
6	规划设计费			
7	评估费			
8	学问产权、技术转让费			
9	预备费			
10	流淌资金			
11	不可预见费用			
	……			
	合计(项目总投资)			

4.2 资金筹措

说明项目的资金来源,包括自筹资金、银行贷款等。

4.3 成本与收益分析

分析项目的主要成本和收益来源,预测项目的盈利能力,如下表所示(仅供参考)。

序号	项目	合计	建设期 0	1	运营期 2	3	…	备注
1	营业收入							
2	减 经营成本							
3	营业税金及附加							
4	经营费用							
5	管理费用							
6	财务费用							
7	利润总额							
8	减 所得税							
9	净利润							
10	现金净流量							
11	投资回收期							

5 经济效益分析

5.1 投资回报率分析

计算项目的投资回报率、净现值等指标,评估项目的经济效益。

5.2 敏感性分析

分析不同情景下项目的经济效益,以评估项目的稳定性和抗风险能力。

6 社会效益分析

6.1 产业链带动效应

评估项目对上下游相关产业的带动作用,以及对区域经济发展的贡献。

6.2 就业创造

预测项目投产后将创造的就业岗位数量以及对当地就业市场的影响。

6.3 技术创新与人才培养

分析项目在技术创新和人才培养方面的贡献。

7 环境影响分析

7.1 能源消耗与排放

评估项目在生产过程中的能源消耗和污染物排放情况,以及采取的节能减排措施。

7.2 生态环境影响

分析项目对周边生态环境的影响及采取的环境保护措施。

8 风险分析与对策

8.1 市场风险分析

识别项目面临的市场风险,如需求波动、价格波动等,并制定相应对策。

8.2 技术风险分析

分析项目在技术研发和生产过程中可能出现的技术风险及应对措施。

8.3 财务风险分析

评估项目在资金筹措、成本控制等方面的财务风险,提出有效的风险管理策略。

9 结论与建议

9.1 结论

综合分析项目的经济效益、社会效益、环境影响等各方面因素,得出项目的整体可行性结论。

9.2 建议

针对分析过程中发现的问题和风险,提出针对性的建议和改进措施,以确保项目顺利推进。

【附件】

相关政策法规及证明文件

技术方案详细资料

财务报表及预测数据

市场调查报告

【报告审批】

报告审批人:_____

审批日期:_____

【报告批准】

报告批准人:_____

批准日期:_____

三、尽职调查与风险识别

(一)尽职调查

尽职调查,又称"谨慎性调查",是指在企业并购、投资、兼并等活动中,投资方对目标企业的各个方面进行全面、深入、系统的调查和分析,以揭示目标企业的真实状况,评估其价值、发现潜在问题和风险,从而为投资方的决策提供有力支持。尽职调查起源于证券市场对投资人的保护,逐渐被应用到企业并购活动中,成为企业投资活动的重要环节,也是企业投资成功的基础和前提。

尽职调查的目的在于全面了解目标企业的经营状况、市场前景、财务状况、法律法规遵守情况等,帮助投资方明确目标企业的价值、挖掘潜在机会、识别并规避风险,为投资决策提供翔实的依据。尽职调查有助于投资方在并购活动中避免信息不对称带来的风险,确保并购交易的顺利进行，提高并购的成功率。这是国企对外进行投资并购活动的必要环节。

尽职调查的内容主要包括业务尽职调查、财务尽职调查和法律尽职调查。

业务尽职调查旨在全面了解目标企业的商业模式、运营状况及发展前景，为企业提供有力的决策支持。主要内容包括三个方面：一是目标企业的产品和服务，调查团队需要详细了解目标企业提供的产品和服务的特点、市场占有率、客户满意度等方面的信息，这有助于评估目标企业的竞争力、市场前景和盈利潜力；二是市场和竞争状况，对目标企业所处行业的市场规模、增长趋势、竞争格局进行深入分析，了解目标企业在市场中的地位，以及与竞争对手的优劣势对比，帮助企业评估投资的风险和收益。三是经销渠道和供应链，评估目标企业的经销渠道的稳定性、分布范围和拓展能力，以及供应链的完整性、稳定性和可持续性，了解目标企业的营销能力和供应链管理水平，为投资决策提供参考。

财务尽职调查评估目标企业的财务状况、偿债能力和盈利能力。财务尽职调查通常包括以下内容：一是财务报表分析，对目标企业的资产负债表、利润表和现金流量表等财务报表进行详细分析，评估其财务状况、盈利能力和现金流情况；二是资产评估，评估目标企业的固定资产、流动资产、无形资产等各类资产的价值，以及其抵押、质押等情况，了解目标企业的资产负债状况，为投资决策提供依据；三是税务审查，对目标企业的税收筹划、税务合规性和税务风险进行深入调查，了解目标企业是否存在潜在的税务问题，避免在并购过程中产生不必要的税务风险。四是审计情况，关注目标企业的内外部审计情况，包括审计报告、审计意见和审计问题等，了解目标企业的财务报表是否真实可靠，评估潜在的财务风险。

法律尽职旨在揭示目标企业是否遵守相关法律法规，评估可能存在的法律风险，通常包括以下内容：一是合同审查，对目标企业的主要合同进行审查，包括销售合同、采购合同、租赁合同、融资合同等，了解目标企业的合同履行情况，评估潜在的合同风险；二是许可和资质审查，对目标企业的各类许可、资质和证照进行审查，以确保其合法经营，了解目标企业是否符合相关法律法规的要求，避免在并购过程中产生不必要的法律风险；三是知识产权审查，对目标企业的专利、商标、著作权等知识产权进行审查，评估其完整性和有效性，了解目标企业的知识产权状况，为投资决策提供参考；四是诉讼和劳动事务审查，关注目标企业的诉讼、仲裁和劳动纠纷等法律事务，评估可能存在的法律风险，了解目标企业的法律诉讼状况，为投资决策提供依据。

尽职调查的方法多种多样，包括数据分析、文件审查、实地考察以及与相关方的沟通和访谈，以获取全面、深入、客观的信息。这些方法相互补充，共同保证了尽职调查的有效性和准确性。通过这些方法，企业可以深入了解目标企业的实际情况和潜在风险，为投资决策提供坚实的依据，降低投资风险并提高投资收益。同时，这些方法的运用也有助于调查团队为投资企业提供专业、流畅的尽职调查报告，使投资企业能够在并购过程中做出明智的决策。

首先来说数据分析，数据分析是一种关键方法，业务尽职调查涉及收集与目标企业相关的行业数据、竞争对手信息以及市场趋势等，对这些数据进行整合和分析，以了解目标企业在市场中的地位和竞争力。财务尽职调查通过对目标企业的财务报表、税务报告等数据进行深入分析，可以发现潜在的财务问题和风险。另外，数据分析方法有助于收集和整理与目标企业相关的法律法规、行业政策以及司法解释等信息。这有助于评估目标企业在法律法规方面的遵从程度。

在文件审查方法的运用中，调查团队可以深入研究目标企业的内部管理制度、政策和规范，以及员工手册、培训资料等，从而全面了解企业的组织结构和运营状况。还能对目标企业的财务政策、内部控制制度、审计报告等财务文件，以及合同、许可证、营业执照、知识产权证书等法律文件进行细致审查。

实地考察也是一种重要方法，如参观生产基地、仓库、研发中心，查验目标企业的资产、存货等，可以直观地了解企业的生产、研发和物流等环节，核实财务报表中的数据，还可以帮助调查团队了解目标企业在劳动关系、环保等方面的合规情况。

与此同时，沟通与访谈也是不错的调查方法，对于一般的企业或机构，可以通过对管理层、员工和客户进行采访；如果是大型企业或者是高风险行业需要考察的企业或机构，则可以适当增加一些特定问题，配备深度访谈团队进行线下深入调查。与管理层、员工、客户、供应商等相关方的沟通与访谈，有助于获取第一手信息，揭示企业文化、战略方向以及潜在问题。与目标企业的财务团队、审计师、税务顾问等相关方沟通和访谈，有助于揭示目标企业的财务管理水平、潜在财务风险以及应对策略。与目标企业的法务团队、外部律师、行业监管机构等相关方的沟通和访谈，对于了解目标企业的法律事务处理和法律风险应对策略非常关键。

（二）尽职调查对于国企投资风险识别的作用

国企作为国家的重要经济支柱，在投资中尤为重视风险识别和控制。尽职调查在国企投资风险识别中的作用不容小觑。通过对目标公司进行全面、深入的调查，投资企业可以有效防范潜在风险，为国家财产保驾护航。

第一，尽职调查作为国企投资的有力武器，影响着国企对目标公司投资意愿的诸多事项，例如企业重组、出售、收购等。这些变数无疑会对目标公司的长远价值和发展潜力产生显著影响，进一步左右国企投资的预期收益。借助尽职调查的全面性和深入性，国企得以迅速发掘这些隐藏的问题，从而制定针对性的应对策略，有力降低投资风险。通过掌握目标公司在重组、出售、收购等方面的相关信息，国企投资将能更加明确地了解企业的发展状况，以便做出更为明智的投资决策。

第二，尽职调查在识别可能影响目标公司的事项方面具有不可忽视的作用。一些关键事项，如控制权变更、提前还款费用、对目标资产的抵押等，可能会对目标公司的资金运作产生严重冲击，甚至导致企业破产或债务违约。通过尽职调查，国企可以深入了解目标公司的融资状况，从而及时调整投资策略，规避潜在的投资风险。只有在全面了解目标企业的财务实力、资金需求和债务状况的基础上，国企投资才能在参与到企业融资过程中更好地把握风险和收益。

第三，尽职调查有助于揭示可能影响价格的事项，如责任、损失、关键合同、债务等。这些因素会直接影响目标公司的估值和收购价格，从而影响国企投资的投资回报。通过尽职调查，国企投资可以对目标公司的价值进行精确评估，确保交易价格的公允性，避免因为价格过高或过低而导致的投资成本问题。通过对目标企业的负债、合同、法律责任等方面的详尽了解，国企投资能够更加准确地把握收购价格，为投资决策提供可靠依据。

第四，尽职调查在了解目标企业经营事项方面发挥着关键作用，如从卖方分离、与买方整合、过渡事项等。这些事项涉及目标公司在投资后的运营和管理，直接关系到国企投资能否实现投资目标。通过尽职调查，国企投资可以全面了解目标公司的经营状况，为投资后的整合和运营提供重要依据，有利于提高投资成功率。在这个过程中，尽职调查能够揭示目标公司的核心竞争力、市场地位、管理团队、技术创新等多方面因素，以帮助国企投资预测并购后的整合过程中可能遇到的挑战。同时，尽职调查还可以发现目标公司在协同效应、成本节约等方面的潜在机会，为国企投资制定更为科学、合理的并购方案提供支持。

第五，尽职调查有助于在早期发现阻碍交易达成的因素。这些因素可能包括政策法规变化、竞争对手的干预、管理层的抵触等。这些因素会直接影响到国企投资的收购进程和投资成果。通过尽职调查，国企可以在早期识别这些潜在障碍，及时采取应对措施，确保交易的顺利进行，最大限度地降低投资风险。譬如，在政策法规层面，国企可以提前预判政策走向，评估政策变化对收购交易的影响；在竞争对手干预方面，国企可以在尽职调查中发现竞争对手的动态和策略，以便采取措施加强竞争优势；而在管理层抵触方面，国企可以借助尽职调查深入了解目标公司管理团队的态度和意愿，以制定有效的沟通策略，促使交易顺利完成。

综上所述，尽职调查在国企投资风险识别方面发挥着举足轻重的作用。通过全面、深入的尽职调查，国企投资可以更好地了解目标公司的真实状况，为投资决策提供有力支持。在这个过程中，国企投资需要关注各个方面的风险因素，确保交易的顺利进行。只有充分利用尽职调查这一重要工具，国企投资才能在风险识别方面取得更大的优势。

四、加强国企投资项目尽职调查实践——以并购项目的财务尽职调查为例

（一）重点关注的风险

按照国有企业股权投资的有关规定，尽职调查是在立项、可行性研究之后的必要程序。财务尽职调查是并购活动的重要一环，又称财务谨慎性调查。财务尽职调查一方面用于判断被投资企业是否物有所值，另一方面用于探查投资暗礁，为企业避险。

鉴于并购行为本身具有较高的风险性，现代经济活动中并购失败的案例频繁出现。其中，一个重要的原因便是财务尽职调查工作不充分，甚至缺失。不完备的财务尽职调查可能导致并购方在评估被并购企业的潜在成本和收益时过于乐观，对被并购企业的价值和自身的管控能力高估，进而使并购潜在经济效益过高估计。对此，国有企业投资者在对被并购企业的财务尽职调查过程中应擦亮双眼，重点关注以下风险：

1. 收入不实的风险

收入不实风险是指被并购企业通过虚构交易、提前确认会计收入等手段，人为地增加收入规模，从而提高企业估值。收入规模在一定

程度上反映了被并购企业的市场份额，而收入的持续增长则代表了企业的成长性。在财务尽职调查中，调查人员应特别关注被并购企业是否存在与隐蔽关联方或第三方虚构销售业务、大量虚构应收账款等行为，以识别并控制潜在的收入不实风险。

针对收入不实风险，财务尽职调查应深入挖掘企业的销售渠道、客户结构、合同履行情况等方面的信息，同时对比行业内同类企业的财务数据，以发现异常迹象。此外，调查人员还应审查企业的内部控制制度，评估其对收入确认和虚假交易防范的有效性。

2.隐匿负债风险

隐匿负债风险源自部分被并购企业为提升估值，采取隐瞒负债、虚增权益资产等手段。隐匿负债具有较强的隐蔽性，使得常规的尽职调查手段难以觉察。这些企业通常会采取潜在应付账款不入账、民间贷款不披露、应付职工薪酬不反映、故意隐瞒具有连带责任担保事项等做法。隐匿债务侵蚀新股东的经济利益，尤其是隐匿巨额负债，将直接影响并购项目的可行性。

为深入挖掘被并购企业的隐匿负债风险，国企财务尽职调查应重点关注被并购企业的应付账款、民间借款、担保责任、潜在税务负债等方面。调查人员可通过查阅企业的合同、往来账目、银行流水等资料，全面了解企业负债状况。加强与企业管理层、关联方、供应商、客户等沟通，以揭示可能的隐匿负债信息。

3.资产权属不清或不实风险

资产权属不清或不实风险主要表现为被并购企业资产产权取得方式复杂、主要资产权属不清晰、核心设备更新慢、创造收益能力减弱，以及股东个人资产与公司资产混同等问题。这些问题可能导致资产实际价值低于账面价值，存在较大的减值风险。

为识别和应对资产权属不清或不实风险，国企财务尽职调查应重点关注企业的资产来源、权属关系、使用状况、价值评估等方面。调查人员可通过查阅企业的产权证书、合同文件、税务报告等资料，了解资产的真实情况。同时，调查人员还应与企业的主要供应商、客户、关联方等进行沟通，以获取第一手信息。在调查过程中，对于发现的问题应及时跟进和整改，以确保资产信息的真实性和完整性。

4. 研发费用失真风险

研发费用失真风险是指部分中小企业为塑造高新技术企业形象或保持高新技术企业资格，将日常费用强行列支为研发费用，或者将应费用化的研发费用强行资本化。这导致研发费用虚高，但没有实质性的研发成果，如重大发明专利或著作权等。在财务尽职调查中，应重点关注企业是否存在研发费用失真风险。

针对研发费用失真风险，国企财务尽职调查应从企业的研发项目、研发投入产出比、研发费用的核算方法等方面进行分析。调查人员可以通过查阅企业的研发计划、研发合同、专利证书等资料，了解企业研发活动的真实情况。同时，应关注企业在税收优惠、政府补贴等方面的合规性，以评估企业研发费用失真风险的可能性。

5. 劳动关系混乱

部分被并购的企业存在劳动关系混乱的情形，给企业经营带来较大隐患。尤其是需要业务资质作为运营条件的企业，可能存在资质挂靠人员。部分被并购的企业与其子企业在人员劳动合同、社会保险、工作岗位以及薪酬发放管理等方面存在混同现象。还有的被并购企业与大股东控股的关联企业用人混同，特别是财务、行政人员，极易出现发放工资的单位与购买社保的单位不一致的现象。

为应对劳动关系混乱风险，国企财务尽职调查应重点关注企业的人事档案、劳动合同、社保公积金缴纳情况、工资发放记录等方面。调查人员可以通过查阅被并购企业的人事档案、劳动合同、社保公积金缴纳记录、工资发放记录等资料，全面了解被并购企业的劳动关系状况。同时，应与被并购企业管理层、人事部门、关联企业等进行深入沟通，以揭示劳动关系混乱的具体情况。

6. 偷税漏税等违法风险

部分被并购的企业依法纳税意识淡薄，为追求利益最大化，不惜进行偷税漏税行为。最常见的做法是现金业务不入账，让资金在体外运转。一旦被税务部门查处，企业将面临补缴税费、缴纳滞纳金、罚款等行政处理，同时影响企业的公众形象。此外，高昂的社保和公积金成本使部分企业与员工约定仅缴纳部分或完全不缴纳"五险一金"，违反相关法律规定。随着国家对"五险一金"的稽查力度加大，一经发现，企业将面临补缴和行政罚款。

因此，在应对偷税漏税等违法风险方面，国企财务尽职调查应关注被并购企业的税收记录、税务报告、税收优惠政策、社保公积金缴纳情况等方面。调查人员可以通过查阅企业的税务登记证、纳税申报表、发票信息、社保公积金缴纳记录等资料，全面了解企业的税务合规状况。另外，与税务部门、社保公积金管理部门的沟通也是必不可少的环节，有助于揭示被并购企业可能存在的税收违法风险。

（二）尽职调查风险防范策略

在国有企业并购活动中，国有企业投资者与被并购企业股东之间存在一种天然的博弈关系。出于追求利益的角度，被并购企业股东希望提高出让股权的价值，在并购前采取一系列有利于提高估值的行为。然而，国有企业投资者则需要从防止国有资产流失的角度出发，全面充分地开展财务尽职调查工作，确保无遗漏。针对财务尽职调查过程中可能出现的问题，国有企业投资者应具备预见性，并提前拟定有效的应对措施，以实现充分的风险防范。具体可采取以下防范策略。

1. 运用分析性复核工具深入挖掘潜在问题

在国企并购项目财务尽职调查中，分析性复核工具的运用尤为关键，能够有效揭示被并购中小企业的潜在经营问题。通过对财务报表数据进行深入分析，挖掘异常波动或不合理的关联关系，有助于为国企提供更加全面、准确的财务信息。例如，可以关注毛利率、营业利润率等核心财务指标的变动，分析其波动原因以及可能带来的风险。同时，关注企业的现金流量情况，研究经营活动产生的现金流量净额与净利润的关系，以评估企业的现金流健康状况。通过运用分析性复核工具，财务尽职调查能够更为精准地定位潜在风险，助力国企并购项目的风险防范。

2. 财务数据与非财务数据的钩稽对比以揭示异常情况

财务数据与相关的非财务数据之间往往存在稳定的钩稽关系。在国企并购项目财务尽职调查过程中，通过对财务数据与非财务数据的对比分析，可以发现企业潜在的异常情况。以生产型中小企业为例，可以将企业的经营收入增长与实际用电量增长进行对比，分析两者之间的关系是否合理。若经营收入大幅度增长而电费却出现明显下降，这种反向关系可能暗示企业存在虚报收入的问题。类似的钩稽关系还包括工资表中销售提成与经营收入的正向关系，销售收入与运费之间的正向关系等。通过对这些关系的研究，财务尽职调查可揭示企业存在的潜在风险。

3. 全面查找隐匿负债以揭示潜在负担

在国企并购项目财务尽职调查过程中，发现并揭示被并购企业的隐匿负债是至关重要的一环。隐匿负债可能出现在财务报表的各个科目中，如"其他应收账款"和"其他应付账款"，需要调查者对这些科目进行深入分析。对于应付账款，应关注其完整性，并采用积极式函证等手段来核实。在与供应商的函证过程中，应确认应付余额与近期交易记录，并对金额重大、多次函证但未复函的供应商进行实地走访。这有助于揭示被并购企业可能存在的隐匿负债。

除此之外，在财务报表中对隐匿负债的检查时，还需关注财务费用部分与已披露的负债之间的关系，以评估利息水平是否合理。异常的财务利息支出往往是民间借贷隐匿的信号。此外，可通过对企业的往来交易分析，关注与关联方、子公司等进行的交易，了解这些交易背后是否存在潜在的隐匿负债。

4. 核实资产以拒绝价值虚高

在国企并购项目财务尽职调查过程中，一项至关重要的环节是对被并购企业的资产进行深入核实，确保资产真实、完整，以防止资产虚高带来的风险。针对设备、存货等具有实物状态的资产，调查者可依据被并购企业提供的资产清单，对重要资产的权属关系进行进一步核实。同时，实地盘点是一项关键措施，通过亲身参与盘点活动，获取第一手信息。在此基础上，结合被盘点资产的市场价值或重置价值，判断资产高估的可能性。

对于债权资产，调查者应着重关注债权的可收回性及坏账准备计提的完整性。对于账龄较长或金额较大的应收款项，调查者需获取相应的销售合同、收入确认资料（如客户签收记录等）、出库单等资料，并独立完成函证程序。在必要情况下，可以通过走访或其他方式联系客户方，直接了解应收账款的可回收时间和金额，以判断债权的真实价值。

5. 核实研发费用的内在逻辑关系

在国企并购项目财务尽职调查风险防范中，为确保财务尽职调查的准确性和有效性，核实研发费用的内在逻辑关系必不可少。具体的方式包括内控测试、实际研发费用支出抽查、研发成果与经营收入的逻辑关系检查。

（1）内控测试。国企财务尽职调查首先需要检查与研发有关的组织机构是否健全，研发管理人员是否配备到位。然后检查各研发项目所安排的研发人员是否均为公司在册人员，有无挂靠人员。这一步骤旨在确保研发项目的真实性和合规性，防止可能存在的虚假研发项目。最后检查研发项目可行性分析、立项规划、研究阶段报告、小试和扩大批次生产试验报告、批量生产报告等是否记录完整。建议至少抽查一个重大的研发项目，并完成进行穿行测试，核查从可行性验证到形成研发成果的全闭环是否存在内部管理方面的缺失。这有助于确保企业的研发投入与成果之间存在合理的逻辑关系。

（2）实际研发费用支出抽查。对所抽查出来的研发费用，除了验证其真实性外，还要做到"三识别"。即识别该笔费用是归属于哪一个研发项目，识别该笔费用的发生是处理该研发项目哪一个时点上，识别该笔费用是要资本化还是费用化。如果无法回答上述三个问题，很难解释一笔研发费用支出的合理性。要特别关注研发费用比例处在高新技术企业达标线左右的中小企业，因为已列入的研发费用一旦被踢掉，这些企业研发费用总额可能会不达标。这将影响企业未来的发展和市场竞争力。

（3）研发成果与经营收入的逻辑关系检查。根据《高新技术企业认定管理办法》规定，高新技术企业同期60%主营产品（效劳）收入必须与研发成果挂钩。检查研发成果与经营收入的逻辑关系，有助于确保企业的研发投入能够转化为实际的经济效益。即便企业可以假设研发项目，形成完整的研发项目内部控制流程，并且将研发费用进行完美的归集。然而，研发成果转化是否被市场所认可，则由市场说了算，而非企业自身说了算。在国企财务尽职调查中，可以抽查高新技术产品销售合同，重点核查合同技术条款与研发成果的关系。如果企业只是代理他人的高科技产品，则不能作为高新产品收入。在不熟悉的研发领域，国企可聘请专家并利用专家意见。通过他们的专业知识和经验，可以更加深入地了解企业研发项目的实际情况，判断项目的真实性和价值。

6. 对违法风险应及时消除

对于被并购企业存在的偷税漏税、劳动关系混乱等违法行为，国有企业作为投资者必须保持高度警惕。为确保合规性，国有企业可以要求被并购企业自行调整，直至违法行为得到妥善处理、相关违法风险消除后，才决定进一步的财务尽职调查方向。如遇到重大违法行为，例如重要业务资质因行政处罚被吊销、核心专利权或商标权因侵权而被终止使用等,国有企业投资者应判断负面事件的影响程度,并在必要时终止并购。

7.约定并购后未尽事项的处理方式

在财务尽职调查过程中,国有企业投资者应获取被并购企业关于资产、负债完整性的承诺书。同时,双方应在并购协议中约定并购后未尽事项的处理方式。例如,约定对并购后发现隐匿应付账款的处理方式:双方可以约定由原股东支付,也可约定由被投资企业垫付后向原股东追索,或约定从预留的未结算并购款中支付。实践证明,只有防患于未然,才能更有效地防范国有资产流失。

在实际操作中,企业并购行为往往异常复杂。财务尽职调查揭示的财务报表数据失真仅仅反映了被并购企业经营问题的表面现象,而透过这些表象深入挖掘被并购企业内部控制缺陷则更具实际意义。针对存在重大内控缺陷的企业,国有企业投资者应综合法务、业务层面发现的重大问题,全方位地评估被并购企业的真实价值,从而最大限度地保障国有企业的权益,并最终实现并购的战略目标。

8.组建专业的尽职调查团队

在实施尽职调查时,国有企业投资者面临着许多挑战和压力。为了确保调查的准确性和有效性,企业必须组建一支专业的尽职调查团队。这支团队通常由商业、财务、法律、技术等多领域的专家组成,确保尽职调查的全面性和深度。

在团队组建过程中,企业应选择具有丰富经验和专业知识的人员。例如,财务领域的专家需要熟悉会计准则、税收政策等相关规定,以便对目标企业的财务状况进行深入分析;法律领域的专家则需要掌握商事法律、劳动法等法律知识,以确保并购交易的合规性。此外,企业还应关注团队成员的沟通能力、团队协作能力等软性素质,以便在尽职调查过程中形成良好的合作氛围。

在尽职调查过程中,团队成员之间的沟通与协调显得尤为关键。一方面,团队成员需要相互分享信息和观察结果,确保各领域的评估能够互相印证，形成一个完整的画面。例如，财务专家在分析目标企业的财务报表时，可能会发现某些与法律合规性有关的问题；此时，法律专家需要进一步研究这些问题，为投资决策提供更全面的依据。另一方面，团队成员还需要与目标企业的管理层、员工、客户、供应商等相关方保持良好的沟通，以获取第一手的信息，更好地了解目标企业的实际情况。

为确保尽职调查的顺利进行，企业还应关注团队的工作计划和进度。在制定工作计划时，企业应充分考虑尽职调查的目标、方法、时间节点等因素，确保团队能够按照预定的计划开展工作。在工作过程中，企业需要密切关注团队的进展情况，及时发现并解决潜在的问题，以便确保尽职调查的顺利完成。

9. 注意尽职调查的信息安全

在尽职调查过程中，信息安全是一个至关重要的问题。国企需要采取措施确保信息的保密性。在与目标企业签订保密协议之后，国企应在内部加强信息管理，限制敏感信息的传播范围，避免信息泄露给竞争对手或对目标企业造成不利影响。例如，国企可以设置专门的文件存储区域，对敏感文件进行加密保护，以及对访问敏感信息的员工进行身份验证等。

同时，国企还应遵循相关法律法规，防止侵犯目标企业的商业秘密和知识产权。在获取和使用目标企业的商业秘密和知识产权时，国企尽职调查团队应确保遵守法律规定，不得擅自泄露、使用或者将其用于其他目的。此外，尽职调查团队还需要对合作伙伴、外部顾问等第三方进行严格审查，确保他们同样遵守法律法规。

10. 维护与被并购企业的良好关系

尽管尽职调查的过程可能涉及敏感信息和潜在问题，但国企应尽量以积极、友好的态度展开合作，共同解决问题，以利于并购交易的顺利进行。为此，国企应在尽职调查过程中表现出诚信和尊重，尊重被并购企业的文化、价值观和商业模式。

在与被并购企业沟通时，国企应采取开放、透明的策略，主动分享信息，鼓励双方之间的交流，尊重对方在并购交易中的权益。

在解决问题和应对风险时，国企应采取合作的态度，与被并购企业共同寻找解决方案。例如，若在尽职调查过程中发现被并购企业存在财务问题，国企应与其财务部门进行深入沟通，共同分析问题原因，制定有效的整改措施。通过这种合作式的问题解决方式，不仅有助于解决实际问题，还有助于增进双方的信任和友谊。

此外，国企还应关注被并购企业的员工情绪，确保并购交易的顺利进行。在尽职调查过程中，国企应与被并购企业的员工保持良好沟通，了解他们的担忧和期望，及时解答疑虑。还可以采取一定的激励措施，如提供培训和发展机会、提高薪酬福利等，以提升员工的积极性和忠诚度。

总之，国企并购项目财务尽职调查风险防范的关键通过这些策略的实施，能够更有效地识别潜在风险，提高并购交易的成功率。同时，这些策略也有助于国企树立良好的企业形象，为未来的合作和发展奠定坚实基础。

第二节　制定合理的风险分级标准

一、风险分级

（一）风险分级的概念与划分标准

风险分级是一种系统性、科学的风险管理方法，旨在根据风险的性质、程度和可能导致的后果，将风险划分为不同的等级。这种方法有助于企业更为准确地识别、评估和控制风险，以确保资源的合理分配，保障企业安全、稳定和可持续发展。

以车间安全生产风险分级为例，一般根据严重程度进行划分，具体的划分标准如下表3-1所示：

表 3-1 车间安全生产风险分级

风险等级	颜色	描述	控制措施及责任层级
1级	红色	不可容许的，巨大风险，极其危险，必须立即整改，不能继续作业	企业领导层负责制定隐患治理措施，只有风险降低后才能开始或继续工作
2级	橙色	高度危险，重大风险，必须制定措施进行控制管理	安全主管部门和各职能部门根据职责分工落实，制定目标、指标、管理方案或配给资源、限期治理
3级	黄色	中度（显著）危险，需要控制整改	公司、部室（车间上级单位）负责控制管理，所属车间、科室具体落实；制定管理制度、规定进行控制，努力降低风险
4级	蓝色	轻度危险，可以接受或可容许的	车间和科室引起关注，负责控制管理，工段和班组具体落实。考虑投资效果更佳的解决方案或不增加额外成本的改进措施
5级	蓝色	稍有危险，需要注意或可忽略的、可接受的	基层工段和班组负责控制管理。根据实际需求制定相应的控制措施和记录保存

该表格内容仅供参考，在企业实际的风险分级中，划分的标准可能因企业、行业或地区的不同而有所差异。企业应根据自身的风险管理需求和特点，结合相关法规要求，制定适合自己的风险分级标准。

（二）风险分级的重要性

1. 提高风险识别的准确性

风险识别是企业风险管理的第一步，其准确性直接影响到企业风险管理的效果。风险分级通过对各种风险进行细致深入的分析，有助于企业更为准确地识别风险。这不仅包括了对已知风险的识别，还有对潜在风险的发现。风险分级能够让企业在风险识别阶段就能够充分挖掘风险信息,为后续风险评估、制定应对措施和监控提供有力支持。

通过风险分级,企业可以从各个层面对风险进行系统性分析,识别风险间的关联性和相互影响。这有助于企业了解风险的传导路径,掌握风险的全貌。同时,风险分级还能使企业在风险识别过程中充分考虑各种内外部因素,提高风险识别的全面性。

2. 强化风险监控和预警功能

风险监控和预警是企业风险管理的重要组成部分,其目的是实时发现并处理潜在风险,防止风险事故的发生。风险分级有助于企业建立科学、合理的风险监控体系,对不同等级的风险进行实时监控和预警。

通过风险分级,企业可以明确各类风险的优先级和关注程度,为风险监控提供指导。企业应针对不同等级的风险,设置相应的监控指标、阈值和预警机制,确保风险监控的针对性和有效性。

风险分级还有助于企业将风险监控和预警纳入日常管理,实现风险管理的常态化和制度化。企业应将风险监控和预警作为重要的管理工作,纳入企业战略规划和运营管理中,确保风险管理工作的持续推进。同时,企业还应对风险监控和预警体系进行定期评估和优化,以适应市场环境的变化和企业发展的需求。

3. 实现风险分级管控

风险分级是后续开展风险分级管控的重要基础,风险分级管控的目标是将企业的有限资源合理分配到各类风险,实现风险的有效控制。风险分级有助于企业明确各类风险的优先级和相对重要性,在有限资源条件下,集中力量解决关键风险问题,避免"盲目应对"或"一刀切"的做法。这种有针对性的风险管控方式,能够提高企业风险管理的效率,降低企业运营成本。

在实际操作中,企业应根据风险分级的结果,制定相应的管控策略和措施。对于高风险,企业应优先安排资源进行应对,采取有效的控制手段,以降低其对企业的影响。对于低风险,企业可以采取相对

国企经营管理中风险防控及对策研究

宽松的管控策略，避免过度消耗资源。此外，企业还应建立风险责任制度，明确各级管理人员在风险管控中的职责和权责关系，确保风险管控措施得以落实。

二、国企风险分级策略

1.建立风险识别机制

在国企风险分级策略的实践中，建立全面、有效的风险识别机制显得尤为重要。一个健全的风险识别机制是国企防范和应对风险的基石，有助于国企在第一时间发现并应对潜在的风险挑战，从而降低国企的运营风险，保障国企稳健发展。

为了建立一个健全的风险识别机制，国企应当关注内部和外部环境的变化，以便及时识别新的风险。在内部环境方面，应加强对员工、业务流程、财务状况等方面的监控，发现可能对国企运营带来风险的因素，并采取有效措施将其消除或降低。在外部环境方面，应关注市场趋势、行业动态、政策法规等因素，以便发现可能对国企造成潜在威胁的风险。通过定期进行市场分析、行业调查和竞争情报收集，国企能够更好地洞察市场变化，提前预警风险。

国企在建立风险识别机制的过程中，还应充分利用信息技术手段。通过建立风险管理信息系统，国企可以实现风险信息的集中存储、快速检索和高效分析，从而提高风险识别的效率和准确性。同时，国企还应关注新兴技术在风险管理领域的应用，如大数据、人工智能等技术，这些技术可以帮助国企更全面地分析风险信息，发现潜在风险。

加强与政府、监管部门、同行业企业、客户、供应商等利益相关方的沟通与合作，也是国企建立风险识别机制的重要环节。通过与各方保持密切的沟通，国企可以获取第一手风险信息，从而提高风险识别的准确性。同时，跨部门、跨行业的合作有助于国企共享风险管理经验与资源，提升整体风险管理能力。

2. 确立风险分级的目标和原则

制定科学合理的风险分级标准是国企风险管理的核心任务。在此过程中，国企需确立明确的风险分级目标与原则，以保障风险管理措施的针对性和有效性，实现资源配置的最优化，以及将国企风险控制在可接受的范围内。

国企要明确风险分级的主要目标。风险分级旨在为国企提供有针对性的风险管理措施，确保在有限的资源条件下实现风险的有效管控。为此，国企需要建立一套全面、科学的风险分级体系，覆盖国企可能面临的各类风险，从而为风险应对提供决策依据。在制定风险分级标准，形成风险分析体系时，应遵循以下原则：

（1）全面性原则。风险分级体系应涵盖国企所有可能面临的风险，确保国企在风险管理过程中无死角。这要求国企在制定风险分级标准时，充分考虑内部和外部环境的变化，关注市场、行业、竞争、技术、政策等多方面的风险因素，形成一套系统性、完备性的风险分类标准。

（2）动态性原则。风险分级标准应随着国企环境和发展需求的变化进行调整，以适应不断变化的市场环境。国企应定期审查、更新风险分级体系，充分考虑新出现的风险因素，及时调整风险分级标准，以确保风险管理的实时性和有效性。

（3）简明性原则。风险分级体系应简单明了，易于理解和操作。在制定风险分级标准时，国企应避免过于复杂的分类体系，力求简洁、明确。同时，国企还应通过培训、宣传等方式，确保全体员工对风险分级体系有充分的理解，形成风险意识，从而提高风险管理的整体效果。

（4）实用性原则。风险分级体系应符合国企实际，便于国企实施风险管理。这意味着，国企在制定风险分级标准时，应充分考虑国企特点、发展阶段、管理水平等因素，避免盲目追求理论化或照搬他人经验，确保风险分级体系在实际操作中具有可行性和针对性。此外，国企应与相关部门、岗位紧密配合，形成风险管理工作的合力，确保风险分级体系的实用性和实施效果。

3. 设计细化的风险等级划分标准

在国有企业风险分级策略中，设计细化的风险等级划分标准至关重要，这有助于企业精确识别风险，从而采取合适的应对措施。一般而言，风险等级划分标准的选择可以参考以下几个方面：

（1）风险性质。企业应根据风险的性质，例如财务风险、市场风险、运营风险等，制定相应的划分标准。例如，在面对财务风险时，国企应依据财务比率、偿债能力等指标制定相应的风险等级划分标准。当国企在审视其财务状况时，可针对流动比率、速动比率、资产负债率等关键指标进行分别分析。通过对这些指标的深入剖析，国企可以识别潜在的财务风险，如短期偿债风险、长期负债风险等。以此来判断企业的风险性质。

（2）风险发生概率。企业应评估各类风险发生的可能性，从而制定相应的风险等级划分标准。风险发生概率可以根据历史数据、行业经验、专家意见等途径进行评估。例如，假设某国企主要从事高科技产品的研发与生产。在面临市场风险时，国企需要评估市场份额、竞争态势等因素，以判断风险发生的概率。首先，国企应分析行业内的市场竞争格局，通过收集行业内同类型产品的销售数据、市场份额、市场增速等信息，以确定自身在市场中的地位。其次，国企需要关注行业内技术创新速度、竞争对手的研发投入、市场渗透策略等，以评估市场风险的可能性。若国企在某一领域的技术优势逐渐被竞争对手超越，且市场份额出现下滑趋势，这表明市场风险的发生概率较高。在这种情况下，国企应将市场风险划分为较高等级，并采取相应的应对策略，如加大研发投入、优化产品线、调整市场策略等。

（3）风险影响程度。根据风险对企业业务、财务、声誉等方面的潜在影响程度，企业可划分不同的风险等级。对于可能导致重大财产损失或业务中断的风险，应划分为高风险等级；对于仅影响部分业务流程或产生较小损失的风险,则可以划分为中低风险等级。例如,当国企发现其生产过程中存在环境污染风险,可能导致地下水污染、大气污染等问题。企业需要评估这一风险对业务、财务、声誉等方面的影响。若污染事件发生,可能导致企业暂停生产、整改,进而影响产品供应,甚至导致市场份额丧失。还可能导致企业承担巨额的罚款、赔偿和整改费用,严重时可能导致企业陷入财务困境。甚至对企业声誉造成损害,导致客户信任下降,合作伙伴关系受损,最终影响企业在国际市场的形象。则一风险对企业业务、财务、声誉等方面的潜在影响程度十分高,国企应将环境污染风险划分为高风险等级。反之则为中低风险。

在选择合适的风险等级划分标准时,企业需要根据自身实际情况、行业特点和市场环境来综合考虑,定期对风险等级划分标准进行审视和调整,以适应不断变化的内外部环境。

4. 加强风险分级的内部推广与培训

为确保风险分级在国企内部得到有效执行,加强对员工的风险意识培训和风险分级策略的内部推广显得尤为重要。国企应结合自身特点和行业特性,制定全面细致的培训计划,针对不同层级和职能部门的员工,量身定制风险管理知识和技能培训课程,以增强员工的风险防范意识和风险管理能力。为了切实提高员工对风险分级策略的理解和认同,国企可以采取多种方式强化内部宣传和培训。

一方面,国企可以定期组织专题讲座和研讨会,邀请风险管理专家和实践者分享经验,引导员工深入思考风险分级策略的实际应用和价值。同时,国企可以编制风险管理手册,将风险分级策略和实例进行详尽阐述,供员工随时查阅和学习。还可利用内部培训平台和在线课程资源,推动员工自主学习,实现风险管理知识的全员普及。

另一方面,在强化风险分级策略的内部推广与培训的过程中,国企还需注重培养员工的风险防范意识和责任感。通过开展实战模拟、案例分析和团队讨论等活动,国企可帮助员工将风险管理知识与实际工作相结合，提高员工在面对风险时的应对能力和决策水平。同时引导员工树立全面风险管理的观念，将风险防范融入日常工作，形成一种预防为主、防患于未然的风险管理文化。

5. 持续优化风险分级

国有国企风险分级的持续优化是确保国企风险管理工作有效开展的关键。在实施过程中，国企应以不断完善风险分级为目标，强化风险管理的动态性和针对性，使之适应国企发展和市场环境的变化。

为实现风险分级策略的持续优化，国企应首先建立完善的分级评估和反馈机制。通过定期对风险分级策略的执行效果进行检查和评价，国企可以及时发现存在的问题和不足，并据此进行调整和完善。在评估过程中，国企应充分利用风险管理信息系统和数据分析工具，结合内外部风险信息，全面、客观地评价分级执行的效果。

同时，国企应强化对风险管理经验和知识的积累与传承。通过总结历史案例、分析实践成果，国企可以形成自身独特的风险管理经验体系，为风险分级的优化提供有力支持。

此外，国企还应加强与同行业国企、行业协会、研究机构等利益相关方的交流与合作，分享风险管理经验和最佳实践，以促进风险分级策略的不断创新和提升。借鉴国内外先进的风险管理理念和实践，对于提升风险分级的科学性和实用性具有重要意义。

在持续优化风险分级策略的过程中，国企还应关注风险管理体系的整体性和协同性。国企应确保风险分级策略与其他风险管理策略、流程和制度相协调、相互支持，形成统一、高效的风险管理体系。这有助于提高风险管理工作的综合效果，确保国企在面临复杂多变的市场环境和风险挑战时，能够保持稳健的发展态势。

第三节　搭建数字化风险预警系统

一、风险预警的概念与价值

风险预警是一种前瞻性、预防性的管理方法，通过对企业内外部环境中的各种潜在风险因素进行识别、监测和评估，旨在提前发现可能对企业运营造成不利影响的风险迹象。在这一过程中，企业可以根据分析结果制定相应的风险应对策略，以便在风险发生之前采取预防措施，降低风险带来的损失，确保企业在竞争激烈的市场环境中能够稳健发展。

简言之，风险预警就是通过对企业所面临的潜在风险进行提前预判，从而使企业能够在风险出现之初采取有效措施，防范潜在危机。

风险预警的核心价值在于能够让企业在风险尚未酿成危机之际，就展现出一种敏锐的洞察力，及时调整战略，把风险控制在可接受的范围之内。这种卓识远见，能使企业在瞬息万变的市场环境中，始终保持敏锐的洞察力，从容应对各种不确定性挑战。而在这个过程中，风险预警的作用不仅仅局限于企业的战略决策，还深入企业的日常管理、运营和人力资源等诸多领域。

在企业经营过程中，风险预警的作用既体现在战略决策层面，又深入企业的日常管理、运营和人力资源等多个领域。在战略决策层面，风险预警为企业提供了宝贵的决策依据，使企业领导能够在宏观层面全面审视市场形势，从而做出更加明智、合理的战略部署。在这一过程中，企业能够根据风险预警的分析结果，及时调整发展方向，避免陷入不利的竞争局面，确保企业在市场竞争中占据有利地位。

在日常管理领域，风险预警有助于企业优化管理体系，提升管理效率。通过对各种风险因素的预警分析，企业能够发现管理中存在的潜在问题，从而及时调整管理策略，避免因管理不善而引发的风险。

同时，风险预警还有助于企业建立一套完善的风险管理制度，将风险防范与日常管理相结合，形成一种内生的风险防范机制。

在企业运营方面，风险预警对企业的生产、销售、研发等环节具有重要意义。通过对市场需求、原材料价格、竞争对手动态等各类风险因素的预警分析，企业能够在生产过程中及时调整生产计划，避免因生产过剩或缺口过大而造成的经济损失。在销售领域，风险预警有助于企业分析客户需求、市场竞争态势等风险因素，从而制定更加有效的销售策略，提高市场占有率。在研发领域，风险预警能使企业敏锐地捕捉到行业技术发展趋势以及竞争对手的研发动态，从而及时调整研发方向，避免投入资源于不具市场前景的项目，确保企业技术研发始终紧跟市场脉搏，保持竞争优势。

在人力资源方面，风险预警有助于企业对人才结构、员工素质等方面的风险进行预判。通过分析劳动力市场的供需关系、人才流动趋势以及内部员工的绩效表现等风险因素，企业可以制定合适的人力资源策略，比如优化人才结构、加强员工培训以及建立激励机制等，从而确保企业拥有一支适应市场需求、具备竞争力的团队。

在财务管理方面，风险预警为企业提供了对财务风险的有效预防。通过对企业的财务状况、市场经济波动、政策法规变动等方面进行预警分析，企业可以更加清晰地了解自身的财务风险状况，从而制定合理的财务策略，确保企业财务状况稳健，避免陷入财务危机。

在供应链管理方面，风险预警有助于企业发现供应链中的潜在风险，并及时应对。通过对供应商、物流环节、库存管理等方面的风险预警，企业可以制定有效的供应链风险应对措施，降低供应链中断的风险，确保供应链的稳定和高效运行。

总之，风险预警在企业的各个领域都发挥着至关重要的作用。在新时代背景下，国有企业作为国家经济命脉的重要支柱，肩负着维护国家利益、保障社会稳定、推动经济发展的使命。然而，由于外部环境、体制、管理等方面的原因，国有企业面临大大小小的风险挑战，因此，国有企业开展风险预警工作至关重要。

二、数字化风险预警系统的技术与特点

（一）数字化风险预警系统的技术

在数字经济时代，企业风险管理得益于众多创新应用工具的推动，数字化风险预警系统应运而生，成为企业在风险防范和应对中的得力助手。

数字化风险预警系统，是一种结合了先进技术与风险管理理念的智能化风险防范体系，通过对海量数据的采集、分析和处理，实时监测企业所面临的风险状况，并为企业制定针对性的风险应对措施提供依据。在数字化风险预警系统中，大数据、人工智能、区块链等前沿技术发挥着关键作用。

首先，大数据技术为数字化风险预警系统提供了丰富的数据来源。通过对企业内外部海量数据的采集与整合，大数据技术可以揭示潜藏在数据背后的风险信息，帮助企业实时了解市场动态、竞争态势、客户需求等多方面信息。同时，大数据分析方法如数据挖掘、关联规则分析和预测分析等，可为企业发现潜在风险和趋势提供科学依据。

其次，人工智能技术赋予数字化风险预警系统智能化的能力。通过机器学习、深度学习等技术手段，人工智能可以从庞大的数据中自主学习和提炼知识，逐渐形成对风险的预测和分析能力。还可以实现自动化的风险监测和报警，提高企业风险应对的及时性和准确性。

最后，区块链技术在数字化风险预警系统中也具有重要意义。通过其分布式、去中心化、安全可靠的特性，区块链技术可以帮助企业建立一个高度透明、可追溯的信息记录和共享机制，实现对整个供应链的全面风险监控，从而有效降低企业的信任成本和合作风险。

（二）数字化风险预警系统的特点

数字化风险预警系统的特点表现在以下几个方面，如图 3-2 所示。

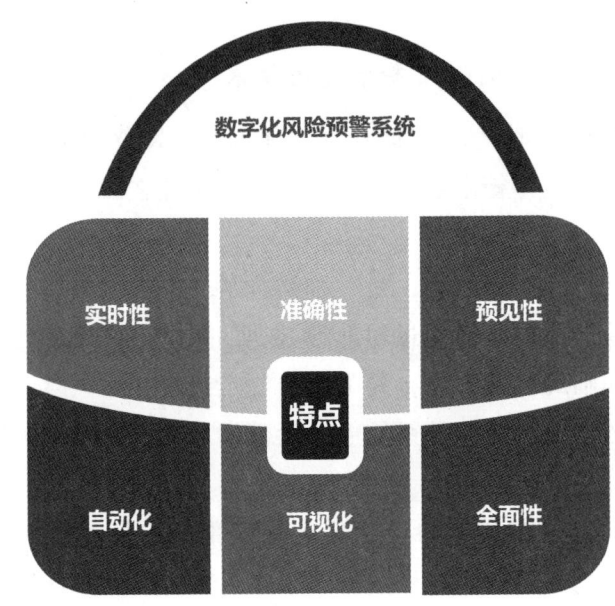

图 3-2　数字化风险预警系统的特点

1. 实时性

在当今竞争激烈的市场环境中，企业必须时刻关注市场变化以及潜在风险，而实时性正是数字化风险预警系统的核心优势。通过对海量数据的实时采集和分析，数字化风险预警系统能够迅速捕捉企业内外部环境中的风险迹象，为企业及时做出决策提供有力支持。这样的实时性不仅有助于企业在风险发生之初迅速采取应对措施，防止风险蔓延，更能确保企业在竞争中始终保持敏锐的洞察力和反应速度，从而获得竞争优势。

2 准确性

准确性特点体现在数字化风险预警系统的数据分析和处理能力上。借助大数据分析和人工智能技术，系统对各类数据进行深度挖掘和关联分析,从而提高风险识别和预测的准确性。在这个过程中,先进的算法和模型不断地优化和提升系统的风险识别能力,使企业能够更准确地把握风险趋势和潜在风险。通过准确识别风险,企业可以更有针对性地制定风险防范措施,避免因错误判断而导致的资源浪费和战略失误。此外,准确性还能够增强企业对风险应对措施的信心,降低因风险不确定性带来的恐慌情绪。

3. 预见性

预见性特点使数字化风险预警系统具备了前瞻性。系统通过对大量历史数据进行分析,揭示潜在风险和趋势,帮助企业提前预测未来的市场发展、行业变革以及竞争对手的动态。这种预见性使企业能够在市场趋势还未充分显现之前就调整战略部署,避免因战略滞后而陷入不利的竞争局面。通过及时预警和预测,企业能够抓住市场机遇,主动应对风险挑战,实现可持续发展。

4. 全面性

全面性特点表现在数字化风险预警系统能够全方位地关注企业的各个领域风险。系统不仅关注企业的战略、运营和财务风险,还涵盖了人力资源、供应链、法律法规等方面的风险。全面性特点保证了企业在应对风险时具备全局性的视角和策略,确保了风险防范的系统性和连贯性。此外,全面性还使企业能够在不同领域间发现风险的关联性和传导性,从而提前布局,有效防范风险在各个领域之间的蔓延。通过全面监测和分析各类风险,企业能够在风险防范中形成合力,提高整体抵御风险的能力。

5. 可视化

可视化特点使数字化风险预警系统具备直观的表现形式。通过图表、仪表盘等可视化界面,系统将复杂的风险数据以直观的形式展现给企业高层和管理者,使他们能够迅速理解企业的风险状况和风险趋势。这种可视化表现形式有助于提高企业对风险信息的接受和理解能力,从而使管理层在制定风险应对措施时能够更加明确目标和方向。

同时，可视化界面还可以实时更新，使企业能够持续关注风险态势的变化，确保风险防范措施始终处于最佳状态。

6. 自动化

自动化特点体现在数字化风险预警系统的风险监测和报警功能上。系统具备自动化的风险监测和报警功能，能够在风险发生时第一时间向企业发出警报。这种自动化特点降低了企业管理层在风险识别和应对过程中的工作负担，提高了企业应对风险的及时性。通过实时监测风险信号，企业可以迅速发现并应对风险，避免风险进一步发展和扩散。同时，自动化风险监测和报警功能还能够提高企业的风险管理效率，使企业能够在有限的时间和资源内实现更高效的风险防范。

三、数字化风险预警系统功能

（一）决策服务模块全覆盖

决策服务模块全覆盖是数字化风险预警系统的一个核心功能。这一功能致力于为企业提供一站式智能预警方案，包括指标加工、规则管理、策略管理、模型管理、名单管理和决策工具等。通过全面覆盖这些决策服务模块，企业能够高效地构建和实施风险预警方案。具体来说，指标加工能够对内外部数据进行深度整合，从而为企业提供全面而准确的风险预警信息；规则管理则有助于企业在风险预警中充分发挥规则的作用，提高预警精度；策略管理则强调企业在制定风险预警策略时，要兼顾市场环境、企业特点和行业特性，以提高策略的针对性和有效性。模型管理模块使企业能够灵活选择和应用适用于其风险预警场景的模型，提高预警的准确率和可行性。名单管理功能则有助于企业实时更新和维护与风险相关的名单信息，提高企业对风险的敏感性和应对能力。最后，决策工具模块为企业提供实用的辅助决策工具，使企业能够迅速做出针对性的风险预警决策。

（二）技术架构可扩展

数字化风险预警系统通过实现功能模块化、参数化，技术架构容器化、微服务，系统能够支持业务敏捷开发和部署。这一特点使企业能够根据自身发展和市场变化，灵活调整风险预警系统的功能和结构。从而使系统始终保持高度适应性和可扩展性，满足企业风险防范的持续需求。技术架构可扩展性的优势在于它能够使企业在风险预警方面快速响应市场变化，提高企业风险防范能力。

（三）监控数据要素全覆盖

数字化风险预警系统通过对内外部数据的融合，形成标签、指标体系，全维度全生命周期地实现数据管理和风险监测。这一功能使企业能够在风险预警过程中，全面掌握各类风险信息，从而提高风险防控的针对性和有效性。通过对底层数据、数据口径和数据标准的全面监控，企业能够更加精确地了解风险状况，从而为风险防控决策提供有力支持。此外，监控数据要素全覆盖功能还能为企业提供对风险因素的深度分析，揭示潜在风险，进一步提高企业的风险防范能力。

（四）预警指标体系全覆盖

预警指标体系全覆盖是数字化风险预警系统的关键功能之一。这一功能旨在将企业及其关联企业、子企业共同纳入监测范围，基于行业、企业规模、产品特点等因素制定差异化的指标体系和预警阈值。通过划分风险类型、分业态、分区域进行重点监测，系统能够更好地满足企业在不同场景下的风险预警需求。预警指标体系全覆盖功能为企业提供了一种系统性、全面性的风险预警方法，使企业能够在瞬息万变的市场环境中迅速调整战略，降低风险暴露。

（五）风险预警可视化展示

风险预警可视化展示功能既是数字化风险预警系统的一个显著特

点,也是一个重要功能。通过直观地展示企业的风险状况,使企业高层能够更加清晰地了解企业的风险态势,从而制定更为合适的风险应对措施。在设计风险预警进度看板时,技术人员可通过数据对比等方法,找出数据的不同之处,及时做出相关数据预警。此外,根据风险管理数据类型,系统可以灵活地选择所呈现图形,如饼图、散点图、仪表盘、折线图等,更直观地呈现所要表达的风险预警信息。在展示风险管理数据时,系统还可以根据不同风险程度设定不同色彩,如红色标记主要风险、黄色标记一般风险、绿色标记无风险、蓝色标记潜在风险等,使企业管理人员能够及时收到相应的风险预警并预先制定出应对风险的对策,从而最大限度地减少企业损失。

四、数字化风险预警系统功能搭建实践案例

(一)国家危险化学品安全生产风险监测预警系统案例介绍

在数字化风险预警系统的搭建上,我国某石油化工类国企的国家危险化学品安全生产风险监测预警系统是一次典型的实践。

为了进一步落实企业主体责任,某国企安全工程研究院着手开展风险监测系统研究,利用信息化、网络化、智能化手段,探索创新预警模型和监管方式,建成危化品安全生产风险监测预警系统平台。该系统主要具备风险研判、风险预警、综合分析、综合查询、风险分布展示、在线巡查、评估分析等七大功能,为企业及监管部门提供全方位的风险管理支持。

风险研判功能可以分析危化品企业风险动态趋势变化情况,展示重点监管化工工艺、重点监管化学品、环境敏感区企业的当前风险状况。

风险预警功能通过运用重大危险源的风险预警模型及区域预警模型,实现企业、区域动态风险的自动预警。

综合分析功能可以全面查询危化品的储存经营、使用等相关信息数据，分析重大危险源风险变化，对风险趋势进行预测。

综合查询功能利用化学品安全知识图谱、视频监控等技术，随时了解企业基本情况、应急资源、应急处置等信息，为事故应急管理提供支持。

风险分布展示功能集成了危化品风险分布数据及重大危险源在线监测监控等数据，多维度多层级展示企业的重大危险源分布情况。

在线巡查功能通过实时视频和动态监测监控数据，在线巡查企业存在的安全问题。

评估分析功能可以根据监测预警情况，编制分析评估报告，为各级应急管理部门精准监管、精准执法提供支撑。

危化品风险监测预警系统的实质是通过在企业端部署物联网采集设备，采集企业储罐温度、压力、液位、有毒有害监测等关键参数和值班监控中心图像以及重大危险源罐区的视频图像。同时，通过卫星影像对重大危险源风险进行精准定位。结合这些动态精准图像数据以及企业周边人口密度、存储介质的性质和存储量等固有风险，最终提供重大危险源的动态风险，自动生成包含预警原因、风险态势变化等内容的分析评估报告，向省、市、县（园区）、企业进行预警。

以风险等级最高的红色预警为例，系统运行后，将同时向省、市、县（园区）、企业四个层级即时推送，未采取处置措施降低风险级别前，每30分钟推送一次预警信息。企业可通过监测预警系统及时了解重大危险源风险动态，从被动应急处置向提前预防、管控风险转变。应急管理部门则可以实时监督企业是否消除了风险隐患，还可以更有效地分配监管力量。

该系统建成后形成了线上线下相结合的监管模式。随着监测预警系统建设深度、使用广度的推进，生产过程监控视频和安全生产数据接入监管平台，互联网手段与安全监管有机结合，危化品监管逐步向"互联网＋监管"模式转变。检查内容从侧重制度建设、台账检查、

国企经营管理中风险防控及对策研究

现场检查扩展到安全控制参数的在线动态监测管控,检查方式从现场检查扩展到监控视频检查,提高了检查效率。

(二)案例启示

首先,这个案例向国企传递了一个明确的信号,即在风险管理领域,安全永远是企业的头等大事。这要求国企时刻保持对风险的警惕,不断提升员工的安全意识和风险防范能力。在国企的日常运营中,管理层应将安全理念贯穿企业各个环节,确保员工充分认识到安全的重要性,形成一种风险防范的文化氛围。此外,企业还应对员工进行定期的安全培训,以提高员工的安全技能和风险应对能力,使他们能够在面对突发情况时,迅速做出正确的判断和响应。

其次,在国家对信息化建设领域政策扶持力度不断加大的背景下,国企需要抓住这一政策红利,加快数字化风险预警系统的研发和应用。数字化风险预警系统可以帮助企业及时发现潜在的风险和安全隐患,有利于提高国企风险管理水平。为了实现这一目标,国企应加强与政府、行业协会、研究机构等多方合作,共享资源,共同研发数字化风险预警系统。在此过程中,国企还需注重技术创新,不断优化系统功能,确保其在实际应用中能够有效识别、预警和防范各类风险。同时,国企还应关注行业发展趋势,对数字化风险预警系统进行持续优化升级,以适应不断变化的市场环境和风险挑战。

最后,国企在应用数字化风险预警系统的过程中,还需重视系统的实际效果评估和持续改进。国企应建立健全风险管理机制,通过定期检查和评估系统运行效果,发现存在的问题,及时进行调整和优化。此外,国企还应关注市场和行业发展动态,根据不同行业的特点和需求,调整和完善数字化风险预警系统,使其更好地服务于国企的风险管理工作。

总之,这个案例为国企搭建数字化风险预警系统提供了丰富的启示。国企需要始终关注风险管理领域的安全问题,抓住政策机遇,加大研发投入,以确保数字化风险预警系统的有效运行。通过构建这样一个高效的风险预警系统,国企将能够更好地应对市场变化和潜在风险,实现可持续发展。

第四章　事中控制：国企经营管理风险监测与控制

第四章 事中控制：国企经营管理风险监测与控制

在经济全球化的背景下，国企经营管理风险呈现出多样性、复杂性和传导性等特点，因此，仅仅依靠事前防范远远不够，事中控制是确保国企经营管理风险防范工作落实到位的关键。在事中控制过程中，需要对国企经营管理风险进行全面的监测与控制。这是一项复杂而系统的工程，需要深入了解风险传导与全面监控、建立科学的风险内部控制体系，转变风险管理思维。只有在不断增强风险防范意识、加强风险监测与控制能力、优化风险管理思维的基础上，国企才能够有效应对市场环境的挑战，实现企业的持续发展和国家经济的稳定增长。希望本章的讨论能为国企和相关管理部门提供有益的借鉴和启示，推动国企经营管理风险监测与控制工作的不断发展与完善。

第一节 经营管理风险传导与全面监控

一、企业风险传导机制

（一）企业风险传导的含义

企业风险具有传导性，具有两方面的含义。一是企业风险传导是指在特定条件下，企业的风险因素通过一定的介质和路径，从一个部门或企业传递至另一个部门或企业的过程；二是企业面临的某一种风险在内部或外部因素的作用下，可能引发或加剧其他风险类型的过程。风险传导的概念源于对热传导原理的借鉴，具有较高的理论价值和实际意义。

企业风险传导涵盖了两个层面的传导：一是企业内部风险传导，二是企业之间的风险传导。

在企业内部风险传导中，风险因素依附于特定的载体，沿着特定的路径，从企业的某一部门传导至另一部门，从一种风险引发出其他风险。这一过程具有方向性，即风险传导存在明确的起点和终点，传导过程有序且可预测。此外，企业内部风险传导还具有速度性，风险传导载体的性质和特点决定了风险传导的速度和频率。同时，企业内部风险传导具有时间性，表现为风险在不同时间节点上的传导特征和规律。最后，企业内部风险传导具有复杂性，多种风险因素在多个部门之间相互作用，传导路径和方式多样。

在企业之间的风险传导中，风险因素通过一定的载体和途径，从一个企业传递至供应链上的另一个企业。这一过程同样具有方向性、速度性、时间性和复杂性等特征。企业之间的风险传导关系更为复杂，因为涉及不同企业之间的相互作用，包括竞争关系、合作关系和依赖关系等。在供应链背景下，企业之间的风险传导可能导致整个产业链的风险扩散，从而影响到整个产业的稳定和发展。

企业风险传导具有一定的频度性，即在一定时间内，风险因素的传导次数和频率。频度性是衡量企业风险传导强度的重要指标，高频度的风险传导可能导致企业风险的迅速累积和扩散，从而对企业的经营稳定和持续发展产生严重影响。

总之，企业风险传导是一种复杂的现象，涉及企业内部及企业之间多种风险因素的传递、相互作用和影响。为了更好地应对企业风险传导带来的挑战，企业应深入研究风险传导的概念、特征和规律，建立健全风险管理机制，提高风险识别、评估、防范和应对能力。

（二）企业风险传导的路径与方式

企业风险传导的路径研究主要包括两个层面，一是风险源来自企业内部的风险传导，二是风险源来自企业外部的风险传导。风险传导载体是传导链和传导网中各风险要素相互联系的桥梁，起着关键作用。

在风险源来自企业内部的风险传导中，主要包括企业内部各环节之间的风险传导以及从企业内部传导至外部相关利益主体的风险传导。企业内部各环节之间的风险传导通常涉及组织结构、管理制度、生产流程、市场销售等方面，从一个部门传导至另一个部门。从企业内部传导至外部相关利益主体的风险传导，主要涉及企业与外部客户、供应商、合作伙伴等之间的关系，可能对这些利益主体产生不良影响。

在风险源来自企业外部的风险传导中，主要包括从外部相关利益主体传导至企业的风险传导和外部利益主体之间的风险传导。从外部相关利益主体传导至企业的风险传导，主要体现为外部经济环境、政策法规、市场竞争等因素对企业产生的风险影响。而外部利益主体之间的风险传导，主要涉及供应链上的上游和下游企业、竞争对手、行业监管机构等之间的风险传递。

按照风险传导的外在表现形式，风险传导可分为以下六种，如表4-1所示。

表4-1　企业风险传导的表现形式

形式	描述
要素稀缺式风险传导	在生产要素受限的情况下，企业可能面临生产成本上升、生产效率降低等风险，从而影响企业的整体运营
海啸波浪式风险传导	由于市场信息不对称和恐慌情绪的传播，企业可能面临市场需求波动、价格波动等风险，对企业的市场竞争力产生影响

续　表

形式	描述
串并联风险传导	在企业之间存在较强的关联关系时，风险可能沿着这种关系链传导，导致整个产业链的风险累积和扩散
泡沫破灭式风险传导	在市场存在投机行为和过度炒作的情况下，企业可能面临市场泡沫的形成和破灭，从而导致企业的市场价值波动甚至损失
结构坍塌型风险传导	在企业内部管理结构、组织结构或产业结构出现问题时，可能导致整个企业运营的稳定性和效率受到严重影响，从而引发一系列连锁反应
链式反应型风险传导	由于企业之间的相互依赖关系，一个企业的风险事件可能引发其他企业的风险，形成链式反应，影响整个产业链的稳定和发展

企业风险传导研究旨在深入了解风险传导的机制、路径和表现形式，从而帮助企业更好地识别、预防和应对风险。对于内部风险传导，企业应关注内部管理制度、组织结构、生产流程等环节的优化，加强内部沟通和协调，增强各部门的风险管理意识和能力。同时，企业应与外部相关利益主体保持良好的沟通和协作，关注外部市场动态和政策法规变化，以应对外部风险传导带来的挑战。

（三）企业风险传导的动因

企业信用机制的软化被认为是风险传导的内在原因。当企业之间的信任关系受到损害时，信用风险可能在企业之间传导，从而影响整个产业链的稳定。

风险传导动因的产生可以从四个方面进行分析，包括传导基础、传导链、桥梁和导火索。

传导基础是指企业内部和外部的风险因子累积，包括生产要素、市场环境、企业管理等方面的风险。当这些风险因子不断聚集，可能导致企业面临较高的风险水平。

传导链是企业之间相互依赖的关系，使得风险可以在企业之间传播。例如，供应链中的一个环节出现问题，可能导致整个供应链的生产和运营受到影响。企业之间的合作和竞争关系也可能成为风险传导的链条。

桥梁是指风险传导的载体，即风险如何从一个企业传播到另一个企业。风险传导载体可能包括物质资源、信息、资金等，这些载体决定了风险传导的速度和频率。当风险依附于这些载体时，企业之间的风险传导就变得更加容易。

导火索是指触发风险传导的关键事件或因素。当企业内部的风险因子达到一定的阈值时，风险可能从静态转向动态，开始在企业内部和外部传播。此外，风险阈值水平可能受到内外部因素的影响而发生变化，导致企业风险传导的敏感性增加。

在风险传导过程中，企业需要关注风险阈值的变化，及时调整自身的风险承受能力和风险防范措施。其中的重点就在于加强风险监控，利用数据分析和风险模型来评估风险暴露程度，为企业的风险决策提供支持。

（四）企业风险传导的规律

企业风险传导的规律是多种多样的，反映了风险在传导过程中的特点。了解这些风险传导规律，有助于企业更好地识别、预测和应对风险传导过程中可能出现的问题。在实际经营过程中，企业需要根据自身情况和外部环境因素，综合运用这些规律，制定科学的风险管理策略，以降低风险对企业的影响。

以下是一些关于企业风险传导规律的总结：

1. 依附性规律

依附性规律的核心在于风险传导过程依赖于特定的载体。如信息、资金和产品等，它们在企业内部和企业之间充当风险的传递者。这些载体在风险传导过程中扮演着至关重要的角色，它们的特性和属性直接影响到风险传导的速度和频率。例如，信息的不对称性可能导致风险在企业之间传递时出现扭曲,而资金的流动性则影响着风险在企业内部和企业之间的传播范围。

2. 叠加性规律

叠加性规律揭示了风险在传导过程中的累积性质。不同类型的风险在传导过程中可能相互影响、叠加,导致整体风险水平的提高。这种叠加性要求企业关注各种风险之间的相互关系和可能的联动效应。例如,市场风险和信用风险可能在特定条件下共同作用,从而放大企业面临的整体风险。因此,企业需要综合考虑不同风险类型之间的交互作用,并制定相应的防范策略。

3. 客观性规律

客观性规律强调了风险传导的发生并非受企业主观意愿所控制,而是由客观条件和环境因素所决定。因此,企业需要从客观角度审视风险传导过程,及时识别和应对可能出现的风险。例如,在全球经济一体化背景下,企业需要关注国际市场和政策的变化,以便及时应对潜在的风险传导。

4. 方向性规律

方向性规律指出风险传导具有一定的方向性,其传导路径可能涉及企业内部部门之间、企业与外部利益相关方之间以及外部利益相关方之间。企业需要关注这些路径,以便更有效地预防和应对风险。例如,企业在供应链管理过程中需要关注与供应商和客户之间的风险传导,通过优化供应链结构、加强风险管理措施等手段减轻潜在风险。

5. 复杂性规律

复杂性规律揭示了风险传导过程受到众多因素的影响,如内部管理水平、组织结构、外部环境等。这使得风险传导过程具有难以预测和控制的特点,要求企业采取综合性的风险管理策略。例如,企业需要关注内部管理制度和组织结构的优化,提高信息沟通和决策效率,以降低风险传导的不确定性。同时,企业还应关注外部环境的变化,如政策调整、市场动态等,以便及时调整经营策略,应对潜在的风险传导。

6. 阈值突变规律

阈值突变规律表明,当企业内部风险因子累积到一定程度,超过风险阈值时,风险可能会突然发生变化,导致企业面临严重的风险冲击。因此,企业需要密切关注风险因子的积累过程,并及时调整风险管理策略。例如,企业可以通过风险监控机制,监测风险因子的变化趋势,适时采取控制措施,防止风险因子达到临界点。

7. 最小阻力规律

最小阻力规律意味着风险在传导过程中,往往沿着阻力最小的路径进行。因此,企业应关注可能存在的风险通道,并加强对这些通道的监控,防止风险扩散。例如,企业应识别关键节点和易受风险影响的环节,加强对这些节点和环节的风险管理,从而减轻风险在传导过程中的潜在影响。

8. 混沌规律

混沌规律揭示了风险传导过程可能呈现出混沌状态,表现为风险事件的不确定性、非线性和不可预测性。企业应认识到风险传导的混沌特性,并及时采取应对措施,以减轻潜在的风险影响。例如,企业可以通过对风险事件的模拟分析和敏感性测试,评估不同风险场景下的可能影响,从而为决策提供有力支持。

9. 跳跃规律

跳跃规律指出,风险传导可能在某些情况下突然发生跳跃,导致风险在短时间内迅速扩散。企业需要密切关注风险传导的跳跃现象,并采取相应措施以防止风险的蔓延。例如,企业可以建立应急预案,提高应对突发风险事件的能力;或通过加强内部风险控制

(五)企业风险传导的载体

企业风险传导过程中的载体具有关键作用,在风险传播过程中起到媒介作用。为了更好地理解企业风险传导的载体,可以从不同维度对其进行分类。

按照风险源层次的不同,企业风险传导载体可分为宏观载体与微观载体。宏观载体通常涉及整个行业或经济体系的风险因素,如经济

政策、市场环境和国际贸易等。这些宏观风险因素对企业的经营产生广泛影响，可能引发多个企业或整个行业的风险传导。微观载体则主要涉及企业内部的风险因素，如管理层决策、财务状况和生产过程中的技术更新等。这些微观风险因素在企业内部传导，可能导致企业面临各种不确定性和风险。

按照载体的存在形态来分，企业风险传导的载体可以分为显性载体与隐性载体。显性载体通常是直接观察到的风险因素，如资金流动、物资流通和市场价格波动等。这些显性载体在风险传导过程中容易被企业发现和监控，但也可能导致企业过度关注表面现象，忽略潜在风险。隐性载体则是难以直接观察到的风险因素，如企业文化、信息传递和内部管理等。这些隐性载体在风险传导过程中可能不易被察觉，但一旦触发，可能导致企业风险迅速扩散。

在风险传导过程中，常见的具体载体有以下五种：

1. 跨国投资与贸易汇率波动

跨国投资活动中的货币兑换和国际贸易中的汇率波动可能成为风险传导的载体。当汇率波动导致投资收益或贸易成本发生变化时，企业可能面临经营风险和财务风险，进而影响整个产业链上的其他企业。

2. 管理部门政策

政府政策的制定和调整可能成为风险传导的载体。政策的变动会直接影响企业的经营环境，从而引发企业内部和行业间的风险传导生产过程中的技术淘汰或创新。

3. 技术淘汰或创新

技术在生产过程中的淘汰或创新也可能成为风险传导的载体。当企业采用新技术改进生产过程时，可能导致原有技术变得陈旧，从而影响企业的竞争力。同时，技术创新可能带来新的风险，如产品质量问题、技术泄露等，进而影响企业的稳定性和可持续发展。

4. 产业链条上的资金流动

资金流动在产业链条上的传导可能成为风险传导的载体。当某一环节的企业出现财务问题时，如资金链断裂、债务违约等，可能导致上下游企业陷入资金困境，从而引发整个产业链的风险传导。

5. 经营中的市场价格涨跌

市场价格的波动可能成为风险传导的载体。例如，原材料价格上涨可能导致企业成本增加，从而影响企业的利润水平；产品价格下跌可能导致企业销售收入减少，从而影响企业的经营稳定。此外，市场价格波动可能导致企业在市场竞争中的地位变动，从而影响整个产业链上的风险传导。

风险源、风险传导载体以及驱动力之间的相互作用使得载体在企业风险传导链中具有"放大镜"的效应。这意味着，在风险传导过程中，某些风险可能被放大，从而对企业造成更大的影响。因此，企业需要密切关注风险传导过程中的载体变化，并采取相应的风险管理措施，以降低潜在风险的影响。

二、国企风险传导过程分析

（一）国企外部风险传导机制

1. 经济风险的传导

国有企业的整体盈利表现很大程度上受到国家宏观经济形势的影响。在经济繁荣时期，国家的经济环境为国有企业提供丰富资源，有助于其壮大发展。然而，在经济不景气或衰退阶段，国有企业将面对市场低迷，消费者购买力剧减，从而导致销售收益下滑、库存资金占用增加，对企业的供应链和资金链施加压力。近年来，我国经济经历了快速增长，目前正面临较高的通货膨胀，原材料采购成本上涨，同时劳动力成本不断攀升，进一步增加了国有企业的经营压力。因此，把握国有企业的经济风险需要关注通货膨胀动态，并适时调整企业的营运资金储备。

2. 政治风险的传导

国家政策调整及国际政治波动对企业运营产生不可预测的影响。近几年来，我国政府高度关注国有企业的创新发展，为此制定了一系列政策措施,为国有企业的发展创造了有利条件。与此同时,环保法规日趋严格,环保监管部门对国企的管理力度空前加强。

资本充足的大型国有企业可通过升级污染治理设施达到环保要求,然而,资金短缺的国有企业在面对高昂的设备投入时,往往不得不选择暂停生产或进行转型。暂停生产的国有企业会遭受营收急剧下滑的困境,这极有可能导致企业破产。而转型的国有企业则需要巨额启动资金作为支持。成功转型的企业能够渡过难关,但若转型失败,企业很可能面临资金链断裂的风险。

在研究国有企业政治风险传导时,应集中关注与国有企业相关的环保政策,以便企业能够及时调整战略,加强风险防范。政府部门对环保监管的加强使得企业必须在生产过程中更加关注环保问题。这种政策变化使得企业在生产过程中需要投入更多资源,如采用先进的污染控制技术,以及对生产过程中产生的废弃物进行更加严格的处理。这一系列举措旨在降低企业对环境的负面影响,但同时也增加了企业的经营成本。

此外,国际政治的波动也会对国有企业产生深远影响。贸易政策、地缘政治风险以及国际能源价格波动等因素都可能对国有企业的进出口贸易、资源供应和市场需求产生不利影响。在这种情况下,国有企业需要更加关注全球政治经济动态,以便更好地应对潜在风险。

3. 技术风险的传导

科技的迅速进步对于领先企业来说是一个巨大的发展机遇,然而,对于滞后企业而言,这无疑是一个巨大的挑战。新兴技术对各个行业产生的影响也是双面的:一方面,具有创新性的技术可能催生新兴产业的壮大;另一方面,破坏性技术有可能导致某些行业的衰落。

技术工艺的革新和新技术标准的建立往往要求企业投入大量资金用于设备升级和产品改进。对于国有企业,特别是部分融资能力已达上限的国企来说,这无疑加大了资金风险。因此,国有企业需要密切关注技术进步可能带来的机遇与挑战。

技术风险的传导过程涉及多个方面，首先是技术创新对市场竞争格局的影响。新技术的应用和普及可能会使原有市场格局发生重大变革，那些能够及时把握技术发展趋势并将新技术运用到生产经营活动中的企业将脱颖而出，而那些未能及时跟上技术发展的企业可能会面临市场份额的丧失，甚至被淘汰出局。

其次，技术风险的传导过程还包括新技术对企业运营效率的影响。技术进步可能会促使企业提高生产效率、降低成本，从而提高企业的盈利能力。然而，对于那些未能及时引进新技术、进行技术改造的国有企业来说，由于生产效率和成本竞争力的不足，可能会导致企业的经营困境加剧，进而增大资金风险。

最后，技术风险的传导过程还涉及新技术对企业人才需求的影响。技术创新可能导致企业对高素质人才的需求加大，企业需要投入更多资源来培训和引进专业人才。而对于国有企业，尤其是那些在人才、岗位已经相对饱和的企业，人才缺口可能会导致企业在技术创新和市场竞争中处于不利地位，加大企业的经营风险。

4. 上下游企业风险的传导

企业之间由于利益关联的存在，构成了外部供应链。这一链条在直接或间接的影响供应链上的上游和下游企业时，不同类型的风险也会沿着材料和资金的流动路径向关系紧密且风险承受能力较强的国有企业传导，从而影响企业的财务状况。供应链中的上游企业和下游企业风险传导是国有企业在经营过程中必须关注的重要因素。

一方面，随着产品质量要求的提高和国有企业专业化程度的不断加强，产品分工变得越来越细致。在完整的供应链体系中，如果上游原料供应商出现经营问题，无法向下游企业提供所需的产品，将对国有企业生产产生不利影响。不过，国有企业可以通过与其他供应商合作来采购原料，从而规避上游企业带来的风险。

另一方面，与供应链上的物流方向相反，资金流是形成上下游企业间债权债务关系的关键载体。在经济低迷时期，企业贷款会有一定压力。为应对资金短缺的问题，许多企业选择从供应链上的上游和下游企业寻求支持。下游企业往往会选择赊账购买货物，国有企业因其资金能力雄厚很大概率会成为延长款项的目标。一旦下游企业的财务状况恶化，无法按期还清欠款，国有企业可能因此面临资金周转困难，引发财务危机。

值得注意的是，国有企业在供应链中面临的风险不仅仅局限于上游和下游企业。供应链中的其他环节，如物流、库存管理和需求预测等方面也存在潜在的风险。例如，物流方面的风险可能包括运输成本上涨、运输过程中的损失等；库存管理方面的风险可能包括库存积压、产品变质等；需求预测方面的风险可能包括市场需求变化、市场竞争加剧等。

（二）国企内部风险传导机制

1. 战略管理风险传导

国企战略管理风险的传导过程体现在各个层面的相互影响与作用。

战略方向失误传导至市场定位和产品定位。当企业选择了错误的战略方向时，可能会导致错误的市场定位和产品定位。例如，企业在竞争激烈的市场选择了高速发展策略，可能在追求规模的过程中，忽视了市场定位的准确性，使得企业的产品无法满足消费者需求，进而导致销售滞后。

市场定位错误传导至产品定位和商业模式选择。错误的市场定位会导致企业无法准确判断消费者需求，从而导致产品定位失误。产品定位失误会进一步传导至商业模式选择失误，企业可能无法找到适合自己的盈利模式，导致无法在激烈的市场竞争中获得竞争优势。

产品定位失误传导至商业模式选择和战略方向调整。错误的产品定位可能使企业难以在市场竞争中脱颖而出，进而影响企业的市场份额。企业在面临产品定位失误时,可能会重新审视其商业模式和战略方向,以适应市场变化,从而产生新的战略调整。

商业模式选择失误传导至战略方向、市场定位以及产品定位。错误的商业模式可能导致国企无法盈利或陷入恶性竞争。例如,在竞争激烈的行业选择低价竞争策略,可能导致企业陷入价格战,利润严重受损。在此情况下,企业需要重新审视战略方向、市场定位以及产品定位,以期在市场中寻找新的竞争优势。

总之,国企战略管理风险的传导过程在战略方向、市场定位、产品定位以及商业模式选择等方面相互影响,形成一个复杂的传导网络。企业需要密切关注这些风险因素的变化,以便在面临风险时及时进行调整,确保企业持续稳健发展。

2. 财务风险传导

国企内部财务风险主要依赖于资金链进行传导,根据国企资金的来源及使用状况的不同,将财务危机内部风险传导划分为投资风险传导、筹资风险传导、营运风险传导和收益分配风险传导。

在投资风险的传导方面,投资活动旨在获取未来收益,但投资决策失误、管理不善等因素可能导致投资风险增大,从而影响企业资金循环链条,甚至陷入财务危机。投资风险传导主要表现在盲目投资和投资过程中的风险。盲目投资风险往往源于投资制度不健全、决策过程缺乏科学性。在这种情况下,投资决策可能带有随意性和独断性,从而导致投资成果无法达到预期,甚至产生损失。此外,投资过程中的风险同样不容忽视。例如,产品需求不足、投资过于分散、预算不合理等因素都可能影响投资收益,进一步加大投资风险。

在筹资风险的传导方面,筹资作为企业生存和发展的关键环节,对于国企来说更具挑战性。在不断发展和完善的金融市场中,筹资方式的多样化可能导致国企在筹资数量、筹资期限和筹资结构等方面偏离预定目标。当筹资风险超过企业承受能力时,会以资金为载体向其他内部网络传导,引发国企财务危机。国企筹资风险传导的核心问题在于资金流入量受限,主要体现在流动资产不足和负债结构不合理等方面。如果流动资产不足可能导致国企现金流入偏离预期,进而影响后续筹资决策。如果负债规模不当可能导致企业费用上升,如果负债期限不合理则可能造成短期债务到期无法偿还。另外,如果筹资时机不当,还可能增加筹资成本,对企业运营带来压力。

在营运资金流动性风险的传导方面,国企营运资金运动包括流动资产和流动负债的筹集与运用,企业在不同时期对营运资金的需求量会有所不同。当资金不足以应对突发事件时,营运风险可能引发财务危机。首先,营运资金被占用会加大营运风险。国企可能会将大量资金投资于可能带来较高收益率的项目,从而导致生产活动所需的营运资金被占用,影响企业正常运转。其次,业务风险无处不在,存在于采购、生产、销售环节,各个环节的风险会通过营运资金进行传导。采购、生产、销售环节中的不确定因素可能影响国企营运资金的正常运转,危及整体运行轨迹。最后,应收账款如果不能及时收回也会加大国企营运资金风险。存货积压会导致库存资金占用和管理费用上升,进一步加大国企的营运风险。

在收益分配风险的传导方面,国企收益分配风险传导主要体现在收益确认不当和收益分配不当两个方面。首先,会计人员素质和会计软件设置可能导致收益确认不当,进而造成虚增利润。企业按照虚增利润分配投资报酬会导致用于经营活动的资金减少,引发收益分配风险,威胁企业生存。其次,收益分配不当主要受未来投资决策、筹资状况和投资者满意度等因素影响。

上述这四大风险不仅会在各环节相互传导,还会影响其他风险。投资风险可能会波及筹资、营运资金和收益分配环节。错误的投资决策可能导致投资收益与预期目标背离,进而加剧筹资方面的还本付息风险,同时也会妨碍营运资金的正常运作,进一步影响收益分配的稳定性。

筹资风险的存在可能对国企的投资活动与营运管理产生影响。当筹资受阻时,国企可能面临投资项目的延误,甚至无法购入生产所需原材料,从而影响整体运营。

营运资金流动性风险会对筹资、收益分配和投资环节产生影响。应收账款回款速度缓慢或存货积压严重都会对国企资金回收产生负面影响。在进行新一轮生产时,国企需要筹集更多资金,从而加大筹资风险。若应收账款长时间难以收回,可能导致坏账增加。国企在提取坏账准备后,管理费用增加,可分配利润减少,从而影响收益分配的稳定性。

最后,收益分配风险可能会传导至筹资和营运环节。收益分配作为资金循环的最后阶段,如果分配金额过多,国企将面临来自外部的筹资压力加大;分配金额过少,则可能降低投资者的投资意愿,增大国企内部筹资的压力。此外,受通货膨胀和会计记录方式的影响,国企账面留存收益可能出现虚盈实亏的状况,甚至难以满足下一轮营运资金的需求,从而加大营运资金风险。

3.运营风险传导

国有企业面临的运营风险涵盖了诸如产品风险、项目风险、环境风险和声誉风险等多个方面。

产品风险会通过供应链、销售渠道等多个环节传导至企业的项目风险、环境风险和声誉风险。例如,产品质量问题可能导致客户投诉、市场份额下降,进而影响企业的声誉和整体业绩。此外,产品设计缺陷可能对环境造成潜在危害,从而引发环境风险。同时,不良产品可能导致项目延误或失败,进一步加剧企业的项目风险。

项目风险源于企业在项目实施过程中可能遇到的问题。当项目风险显现时,可能对企业的产品风险、环境风险和声誉风险产生影响。例如,项目执行不善可能导致产品质量问题,进而引发产品风险。此外,项目延误可能导致企业错失市场机遇,影响企业声誉。同时,项目过程中可能存在环保法规的违反行为,给企业带来环境风险。

环境风险同样可能传导至企业的产品风险、项目风险和声誉风险。企业对环境的破坏可能导致社会舆论谴责，从而损害企业声誉。同时，环保法规的违反可能导致企业面临罚款、生产限制等问题，进而影响项目的进度和质量。此外，环境问题可能导致企业产品失去市场竞争力，引发产品风险。因此，环境风险通过多个途径影响企业的运营稳定性。

声誉风险是指企业在经营活动中可能遭受的名誉损失，包括负面舆论、品牌形象受损等。企业声誉受损可能导致消费者对产品产生怀疑，从而降低产品销售，引发产品风险。声誉风险还可能导致合作伙伴的信任受损，进而影响项目的实施和推进。同时，企业在社会舆论压力下可能采取过激的环保措施，导致成本上升，加剧环境风险。

国有企业应认识到运营风险的相互传导性，并采取有效措施降低这些风险，以确保企业的长期稳健发展。

三、应对风险传导的全面风险监控

（一）全面风险监控

全面风险监控是一种对企业内外部风险因素进行系统性、全方位、实时跟踪与分析的管理方法。涵盖了各种风险类型，包括财务风险、经济风险、运营风险、战略管理风险等，以期对企业面临的风险进行监测和控制。全面风险监控旨在实现企业风险的事前预防、事中控制和事后补救，从而提高企业的抗风险能力和实现持续稳健发展。

全面风险监控的作用体现在以下三个方面：

一是有助于企业规避事前风险。实时监控企业经营环境中的外部风险要素和内部风险要素，可以发现企业经营过程中存在的风险源，并发出风险警报，及早采取针对性措施，将风险控制在一定的阈值内，防患于未然。

二是有助于企业防止事中恶化。风险事件来临时，系统有效的监控能够全程监视风险的发展态势，督促相关部门发挥风险管理职能，积极遏制风险事件朝不良方向发展。

三是有助于企业减少事后损失。完善的风险监控系统，可以在风险事件发生后,及时启动善后措施,缩小事件的不利影响,控制和减少风险损失。

从以上内容中可以看出,全面风险监控贯穿了企业风险管理的始终,为企业经营提供有效的技术支持。此前在数字化风险预警系统的搭建方面其实已经暗含了全面风险监控的概念,风险的预防工作是对企业未发生的风险进行规避,然而很多时候,企业的发展与成长是必然伴随着风险的,存在避无可避的风险,因此,防止风险的扩大与恶化也是企业风险管理的常态化工作。本章提出全面风险监控主要是介绍其在风险事中控制方面的重要价值。

全面风险监控有助于降低企业风险事故造成的损失。在风险事中控制过程中,借助于全面风险监控,企业可以及时采取有效措施,防止风险事故的扩大化和持续化。全面风险监控为企业提供了实时的风险信息,使企业能够在风险出现苗头和发展的过程中迅速采取应对措施,从而降低企业风险事故造成的损失。

此外,全面风险监控有助于提高企业的风险管理水平。全面风险监控为企业提供了一个系统性、全方位的风险管理框架,使企业在面临各种风险挑战时,能够迅速评估、识别、分析并制定相应的应对策略。这有助于企业建立一套健全的风险管理机制,提高风险识别和防范能力,从而确保企业的长期稳定发展。

(二)风险传导与全面风险监控

在国企风险事中控制的过程中,由于风险传导具有的复杂内在联系,使得企业面临的风险形势更加多元化和不确定。全面风险监控作为一种系统性、全方位的风险管理方法,能够有效应对风险传导,确保国企在风险事中控制中保持稳健运营。这有赖于全面风险监控的以下特性,如图4-1所示。

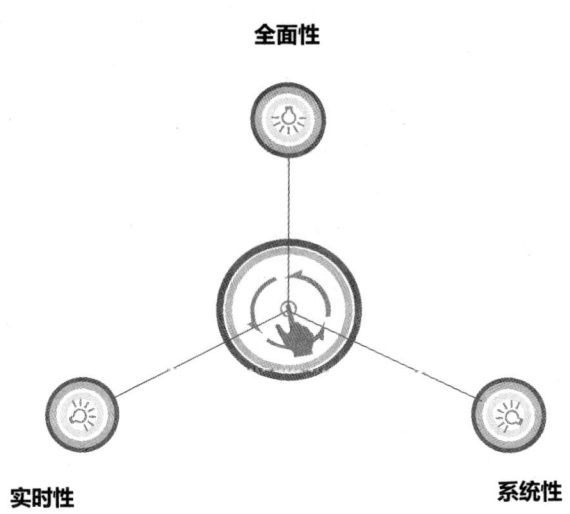

图 4-1　全面风险监控的特性

1. 全面性

全面性是全面风险监控应对风险传导的关键原因之一。全面风险监控覆盖了国企内外部各种潜在风险，包括财务风险、经济风险、运营风险和战略管理风险等。这种全面性使得风险监控能够有效识别并关注风险传导的过程，及时发现潜在的风险传导途径，从而为企业在风险事中控制中提供有力支持。全面风险监控强调对各类风险的识别、分析和评估，以确保企业在风险传导过程中，能够充分了解风险因素之间的关联性，以便在风险事中控制阶段采取更有效的措施。全面性的风险监控有助于提高企业对风险传导的敏感性，使国企在面临风险传导时能够更好地预判风险趋势，提前采取针对性的防范措施，从而降低潜在风险的传播和影响。

2. 实时性

实时性是全面风险监控在应对风险传导中的另一个重要优势。全面风险监控强调实时跟踪与分析企业面临的风险情况。在风险传导过程中，企业需要快速做出反应，调整风险管理策略。全面风险监控通过实时的风险信息采集、处理和传递，为企业提供了及时、准确的风险态势图。这种实时性使得国企能够在面临风险传导时迅速调整策略，降低风险的扩散和传播。实时性的风险监控还有助于国企及时应对市场环境的变化，调整企业战略以适应外部环境的变化，从而在风险传导过程中，更好地应对各种风险类型之间的传导。实时性的风险监控为企业提供了更为灵活的风险管理手段，有助于在风险传导过程中采取更加精确的风险事中控制措施，确保企业运营的稳定。

3. 系统性

系统性是全面风险监控在应对风险传导中的又一优势特性。全面风险监控构建了一个系统性的风险管理框架，使得国企在风险事中控制中能够从整体和系统的角度审视风险传导，从而更有效地应对各种风险类型之间的传导。系统性的风险管理有助于企业深入了解风险传导的内在机制，明确风险传导路径，采取更有针对性的措施进行风险事中控制。

系统性的风险监控框架旨在将国企内部各部门、层级和业务流程纳入风险管理体系，从而实现风险传导的全面监控。这种系统性方法有助于企业在风险传导过程中更有效地识别、评估和控制潜在风险，从而防止风险因素之间的连锁反应。此外，系统性的风险监控还强调跨部门、跨层级的风险沟通与协作，以确保企业在应对风险传导时能够形成合力，实现资源和信息的高效整合，从而提高风险事中控制的效果。

总之，全面风险监控作为应对风险传导的最直接方式，其全面性、实时性和系统性等特点使得国企在风险事中控制阶段能够更有效地应对风险传导，降低潜在风险的传播和影响。全面风险监控为国企提供了一种更为综合、及时、系统的风险管理手段，有助于国企在应对日益复杂、多元化的风险环境中，实现更为稳健、可持续的发展。在国企风险事中控制的大背景下，全面风险监控的重要性不容忽视，企业应充分认识其价值和作用，加强风险监控能力，以应对风险传导带来的挑战。

四、全面风险监控体系的建设策略

全面风险监控体系的建设可以从以下四个方面入手,如图 4-2 所示。

图 4-2　全面风险监控体系的建设策略

(一)建立风险数据库

国企全面风险监控体系的建设策略之一是建立风险数据库,为国企风险管理提供有力的数据支撑。风险数据库是国企风险事中控制的基础,通过系统化、结构化地识别和管理风险信息,可以帮助国企深入了解自身风险状况,制定针对性的风险控制策略。

建立风险数据库的过程首先需要对国企内外部的风险进行全面识别。通过收集各类风险信息,如市场风险、财务风险、运营风险、战略管理风险等,国企可以更全面地掌握潜在的风险因素。此外,风险识别的过程应保持动态性,随着市场环境的变化和国企发展阶段的不同,及时更新风险信息。

风险数据库的建立还需要对收集到的风险信息进行分类、整理和分析。通过将风险信息进行系统化、结构化的处理，可以帮助国企更清晰地了解各类风险的特点和影响，为制定风险应对策略提供依据。在风险分级标准的基础上，对不同类型和级别的风险采取相应的管理措施。

此外，风险数据库的建设需要与国企信息系统相结合，实现风险信息的实时更新和共享。通过利用信息技术手段，如大数据分析、人工智能等，国企可以实时监控风险状况，及时发现风险传导过程中的异常信号。同时，风险数据库应具备良好的信息共享机制，确保国企内部各部门能够共享风险信息，形成风险管理的合力。

建立风险数据库的过程中，国企还应注重风险信息的保密和安全。风险信息涉及国企的敏感信息，如果泄露可能会对国企造成严重损失。因此，国企在建立风险数据库时，应确保风险信息的安全性，采取加密措施、权限控制等手段，防止风险信息的泄露。

（二）强化风险监控信息报告系统

作为全面风险监控体系的重要组成部分，风险监控信息报告系统具有至关重要的作用。通过实时、准确地传递风险信息，国企能够及时发现风险信号，迅速响应和应对风险传导，降低风险对国企经营的影响。

为此，国企应构建风险信息报告制度，以实现风险信息的及时、全面传递。风险信息报告制度应明确风险信息的报告流程、报告频率和报告内容，确保风险信息能够迅速传达给相关决策者。此外，国企应根据风险等级和紧迫性，对风险信息报告进行分类管理，以便于决策者对不同类型和级别的风险采取相应的应对措施。

同时，国企需要利用信息技术手段提高风险监控信息报告系统的效率。例如，运用大数据分析技术对风险数据进行处理和分析，利用人工智能技术实现风险报告自动化，以及采用云计算和移动互联网技术实现风险信息的实时共享。通过技术手段，国企能够实现风险监控信息报告的高效运作，为决策者提供有力支持。

国企还应加强对风险监控信息报告系统的监督和评估。通过定期对风险监控信息报告系统的运行情况进行检查和评估，国企可以及时发现系统存在的问题，对系统进行持续优化和完善。同时，国企应加强内部风险监控信息报告系统的培训和人员素质提升。风险监控信息报告的有效性很大程度上取决于人员的专业素质和执行能力。国企应对风险管理相关人员进行定期培训，提高他们对风险监控信息报告系统的认识和操作能力。

国企在强化风险监控信息报告系统时，应关注外部环境的变化，及时调整风险监控策略。面对市场环境、政策法规等因素的变化，国企需要灵活调整风险监控指标体系、风险信息报告制度等，以适应外部环境的变化。国企可以通过加强对外部环境的分析和研究，提前预判可能出现的风险，从而为风险监控信息报告系统的调整提供依据。

（三）营造良好的风险管理文化

营造良好的风险管理文化对于国企全面风险监控体系的建设具有重要意义。一个好的文化氛围来自全体成员的共同意识和行为。

第一步是明确风险管理职责。国企应将风险管理纳入国企管理的各个层面，明确各部门、各岗位的风险管理职责。通过责任分工，将风险管理落实到具体的业务环节，确保各部门、各岗位在风险管理中发挥积极作用。

第二步是推行风险管理绩效评估。这将让风险管理与每个人的工作挂钩。国企应建立风险管理绩效评估体系，将风险管理与员工绩效挂钩。通过风险管理绩效评估，激励员工积极参与风险管理工作，为国企创造更大价值。

第三步是持续优化风险管理制度。国企应根据内外部环境的变化，定期对风险管理制度进行评估和优化，以适应市场变化和国企发展需求。持续优化风险管理制度有助于提高国企风险管理的有效性和针对性。

（四）建立跨部门风险监控协同机制

在当今竞争激烈、风险四伏的市场环境中，建立全面风险监控体系对于国企来说至关重要。而跨部门风险监控协同机制是其中一个重要策略，这种协同合作模式有助于国企更好地识别跨风险传导，如战略管理风险与财务风险之间的传导，从而降低风险对国企运营的影响。为此，国企需要设立跨部门风险管理工作小组，定期召开跨部门风险管理会议，建立风险信息共享机制，以及强化跨部门风险监控协同的培训与沟通。

设立跨部门风险管理工作小组是推动风险监控协同的关键。国企应明确各部门在风险监控工作中的职责与分工，并将相关部门的负责人组成风险管理工作小组。通过设立专门的工作小组，国企可以确保风险监控工作得到各部门的充分关注与支持，形成国企内部风险监控的合力。

定期召开跨部门风险管理会议对于风险信息的共享与策略制定至关重要。国企应定期组织跨部门的风险管理会议，让各部门负责人分享风险信息，共同研究风险监控与管理策略。通过这种方式，国企可以确保风险信息在各部门间的高效流通，提高国企对风险的应对能力。

建立风险信息共享机制是实现风险信息在国企内部高效流通的关键。国企应构建一个集中的风险信息平台，实现各部门风险信息的实时共享。通过风险信息共享机制，国企能够更好地识别和应对跨部门风险传导，降低风险对国企经营的影响。

强化跨部门风险监控协同的培训与沟通也是推动跨部门合作的重要手段。国企应组织定期的跨部门风险管理培训，增强各部门员工的风险管理意识和技能。通过加强培训与沟通，国企可以进一步提高跨部门风险监控协同的效果。

第二节 建立科学的风险内控管理体系

一、内部控制理论

企业内部控制,作为一种自我调整、约束、规划、评价和控制的全方位管理体系,是企业在追求经营目标、提升经营效率、实现资源的高效配置和保障资产安全完整,以及确保会计信息真实可靠过程中,所实施的一系列组织、计划、程序和方法。这一概念源于企业经济活动的内部需求,是企业为实现经营目标的重要手段。随着市场竞争的加剧以及企业内部管理的不断优化,内部控制得到了更多关注,从简单走向复杂,逐渐向企业外部延伸。

谈到企业内控的时候就离不开COSO内控模型,也被称为"COSO内部控制框架",这个经典的框架来源于COSO委员会。1992年COSO委员会在1992年9月发布了享誉全球的《内部控制—整体框架》,也就是今天见到的COSO框架,受到世界范围的认可,也成为评估企业内部控制的国际标准,该框架旨在为企业提供实现运营效益和效率、财务报告的可靠性以及遵守适用法律法规的合理保证。2004年,COSO委员会在《内部控制—整体框架》的基础上发布了《企业风险管理框架》,2017年COSO委员会发布了最新版《企业风险管理框架》。

总结来说,内部控制具有五个要素,即控制环境、风险评估、控制活动、信息和沟通、监督。这五个要素是实现有效内部控制的关键组成部分,相互关联并共同发挥作用,共同构建了企业的内部控制体系,有助于实现企业目标、确保财务报告的可靠性、遵循法律法规以及保护企业资产。

控制环境是内部控制的基础,包括公司的诚信和道德观、对胜任能力的承诺、董事会和审计委员会、管理哲学和经营风格、组织结构、权责分配以及人力资源政策和措施等因素。这些因素共同塑造了公司的整体价值观、道德观以及员工的行为准则。

风险评估是识别和分析公司在实现目标过程中可能面临的风险，并根据风险的可能性和影响程度确定应对策略。主要包括风险识别、审计风险（固有风险、控制风险和检查风险）以及风险分析。

控制活动是内部控制的核心，旨在确保风险应对策略得到有效执行。包括职责分离、授权审批、企业资源保管、连续编号和独立审核等方法。控制活动可以分为预防控制、检查控制和纠正控制。

信息和沟通是内部控制的关键环节，保证了内部控制系统各要素之间的顺畅运作。包括外部沟通（如与投资者、客户、供应商和监管机构的沟通）和内部沟通（如员工与高管之间的双向沟通和反舞弊机制的建立）。

监督是对内部控制建立与实施情况的持续关注和评估，以确保内部控制的有效性。监督可分为日常监督（持续活动）和专项监督（独立评估），在特定情况下进行有针对性的监督检查。

二、内部控制与风险管理的关系

企业内部控制与风险管理之间存在着紧密的联系和相互依赖关系。内部控制是风险管理的关键环节。内部控制的发展和完善，很大程度上取决于企业对风险的认识和管理水平。内部控制的五个要素包括控制环境、风险评估、控制活动、信息与沟通以及监督；企业风险管理的八个组成部分分别是内部环境、目标设定、事件识别、风险评估、风险对策、控制活动、信息与沟通、监督相互交织。

内部控制与风险管理共享相同的基础——内部环境。内部环境包括了企业文化、组织结构、战略目标、人力资源政策等要素，为内部控制和风险管理提供了基础和支持。同时，内部控制和风险管理的目标设定都是为了实现企业战略目标和经营目标，它们在目标设定上具有一致性。

内部控制与风险管理的过程也具有相似性。风险评估、控制活动、信息与沟通以及监督是内部控制与风险管理的共同环节。在实际运作中，内部控制和风险管理需要相互配合、协同作战，共同为企业目标的实现提供合理保障。

内部控制与风险管理的成果互为补充。良好的内部控制可以为风险管理提供有效的基础，通过合理保证企业的合规经营、财务报告的真实可靠和经营结果的效率与效益。而风险管理则关注识别潜在的风险事件，并依据企业的风险偏好制定风险对策，从而有助于内部控制体系的完善和优化。

综上所述，企业内部控制与风险管理在目标、过程和成果上具有密切的关系，它们互为支持、相互促进，共同为企业实现经营目标提供保障。只有将内部控制与风险管理相结合，才能为企业创造更加稳健、高效的运行环境。

国有企业通常机构人员复杂且层级较多，大多数国有企业都有集团公司和下属子公司，而其内部控制既要做好集团对下属子公司的良好控制，又要做好各公司内部部门间的良好配合。一般而言，国有企业下属的子公司数量越多，其经营管理层次就越复杂，而内部控制存在缺陷的可能性将越高，因此基于风险管理的内部控制体系对于国有企业而言就必不可少。

三、基于风险管理的国企内部控制体系的构建思路

（一）内部控制责任主体建设的思路

在构建以风险管理为核心的国有国企内部控制体系时，关键在于明确各级责任主体，包括董事会、监事会、经理层以及全体员工。此过程需要强调董事会和管理层的重要性，因为只有当他们具备风险意识并积极参与内部控制体系建设时，才能引领国企各层级员工投入内

部控制体系的实施中。因此，在设计内部控制体系之前，应关注董事会和管理层的观点与建议，确保建设方向符合国企战略目标和期望。

在实践中，国有国企董事会和监事会需要定期组织内部控制体系的评估和审查，以确保制度与国企的发展目标和战略保持一致。各级管理层要根据国企的实际情况制定切实可行的内部控制措施，并明确各部门和员工的职责，以确保措施的落实。同时，国有国企应建立健全激励和问责机制，鼓励员工积极参与内部控制体系建设，同时对违反内部控制制度的行为进行严格追责。通过以上措施，有望为国有国企构建一套有效、完善且基于风险管理的内部控制体系，从而提高国企运营效率，实现战略目标。

（二）内部控制目标建设的思路

在基于风险管理的国有国企内部控制体系中，内部控制目标的明确与设定是至关重要的一环。针对所处的行业和发展阶段，国企应根据自身特点制定独特的内部控制目标，并有针对性地识别和应对实现这些目标过程中可能遇到的风险。

在明确整体战略目标和各业务部门具体目标的过程中，国有国企应对整体目标与部门目标进行详细梳理，以确保各个目标间的关联性得到充分体现。这有助于确保国企在实现内部控制目标的过程中，整个组织能够实现协同作战，共同应对各种潜在风险。

为了有效应对可能对各目标实现产生影响的因素及其中潜在的风险，国企需要建立一套风险识别和评估机制。这包括对可能出现的市场风险、战略风险、财务风险和运营风险等进行全面分析，从而为国企制定有效的应对策略提供依据。这一过程应遵循系统性、实时性和针对性原则，以便及时发现潜在风险并采取相应措施进行处理。

在设定各类目标的风险容忍度过程中，国有国企应充分考虑自身的资源状况、市场环境、竞争压力等因素，为各类目标设定合适的风险容忍度。这有助于国企在资源有限的情况下优先关注那些可能性较大、对目标实现影响较重的风险，从而确保内部控制体系的有效运作。

总之，国有国企在构建基于风险管理的内部控制体系时，需从整体战略目标和各业务部门的具体目标、潜在风险因素分析、风险容忍度设定等多个方面进行综合考虑。通过这些措施的有机整合，国企将能够有效地建立一套适应自身发展需求的内部控制体系，为实现长期稳健发展奠定坚实基础。

（三）内部控制程序建设的思路

从风险管理视角出发，国有国企内部控制体系建设的核心路径如下：目标设定—事项识别—风险评估—风险应对—控制活动。

在此过程中，目标设定是风险管理的起点，风险识别与应对是整个流程的基础与逻辑，而内部环境、信息沟通和监督则是这一路径的三大支柱。为了实现国有国企内部控制体系的有效建设，需要将风险评估、控制活动、内部环境、信息沟通与监督在公司层面和业务层面上有机结合，形成互补和共同作用的局面[①]。以下是基于风险管理的国有国企内部控制体系的构建思路——内部控制程序建设的思路。

在目标设定层面，国企应明确整体战略目标和各业务部门的具体目标。这有助于国企在制定内部控制程序时，将风险管理与实际业务需求紧密结合，提高内部控制的针对性和有效性。

对于事项识别与风险评估，国企需要在整体层面与业务流程层面同时进行。整体层面的风险评估关注国企整体运营中可能出现的风险，业务流程层面的风险评估则关注具体业务环节中潜在的风险。同时，国企应建立科学的风险评估体系，将定性分析与定量分析相结合，以便对风险进行准确评估。

在风险应对与控制活动方面，国企应制定针对性的风险应对策略和控制措施，以降低风险发生的概率和影响。此外，国企还需要关注控制活动的实施和执行情况，确保各项控制措施得到有效执行。

在内部环境方面，国企应打造风险意识强烈、责任明确、制度健

---

① 李心合.企业内部控制研究的中国化系列之三内控流程的设计与再造[J].财务与会计，2022（6）：16-24.

全的组织氛围。为此，国企需要加强内部控制文化的建设，增强员工的风险意识，并明确各层级员工的风险管理职责。

在信息沟通方面，国企应建立畅通的信息传递渠道和反馈机制。通过加强内部信息沟通，可确保风险管理信息的及时传递与处理。国企还应积极利用信息技术，提高风险信息的收集、整理和分析效率，以便更快地识别和应对风险。

至于监督环节，国企应在整体层面和业务流程层面分别建立内控评价方法。整体层面的监督主要关注国企内部控制体系的总体运行效果，而业务流程层面的监督则聚焦于各个业务环节中内控措施的执行情况。此外，国企还需加强内部审计和外部审计的监督力度，确保内部控制体系的有效运行。

另外，在实践过程中，国有国企应充分发挥董事会、监事会、经理层等核心管理层的作用，提高他们对风险管理和内部控制工作的重视。此外，国企还应加强员工的风险管理培训，增强全体员工的风险意识和风险管理能力。

（四）国企内部控制方法建设的思路

国企内部控制方法建设的思路如图4-3所示。

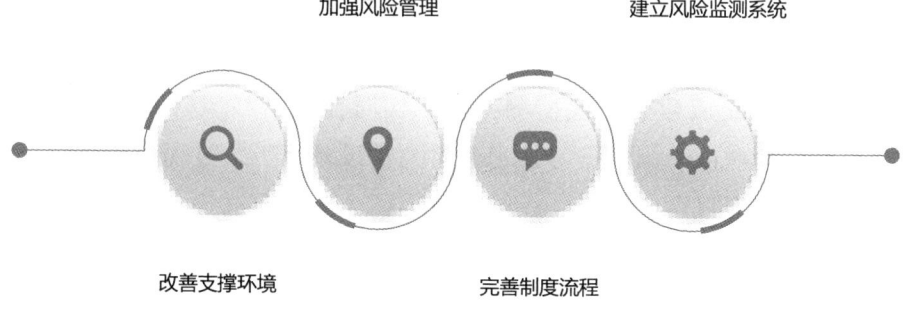

图4-3　国企内部控制方法建设的思路

1.改善支撑环境

在国有国企内部控制体系建设过程中，首要任务是改善支撑环境。为此，国资委的推动和国企责任主体共同努力，要求优化治理结构，提高管理水平，明确权责关系。具体来看，国有国企应明确董事会在风险管理和重大会计政策方面的决策职权，调整董事会成员结构，保证董事会成员和管理层人员之间的独立性，同时适当提高外部董事的比例，引入更多独立、客观的观点和建议。

2. 加强风险管理

对于国有国企而言，加强风险管理是内部控制体系建设的重中之重。这就要求国企以风险为导向，将全面风险管理理念整合到内部控制体系中，构建一套规范且完善的风险管理体系。此外，国企还需要定期对风险管理工作的实施情况进行检查和评估，确保风险管理工作的落地生效。同时，国有国企还应切实加强廉政风险防控工作，预防和遏制公司董事会和管理层等人员在道德层面的失范行为。

3. 完善制度流程

在国有国企内部控制体系建设中，完善制度流程是关键一环。作为控制活动的实际操作方式，制度流程应根据目标设定和风险识别来制定相应的控制措施，通过审批授权政策来规范业务流程。虽然目前大中型国有国企普遍已经出台了一系列管理制度，控制活动体系逐渐完善，但制度的系统性和科学性还有待进一步提高。部分尚未建立内控评价标准的国企还需进一步加强内部控制体系建设。

4. 建立风险监测系统

国有国企应建立风险监测系统，实时监测潜在风险。这些系统可以运用物联网、大数据等技术，对关键设备、工艺过程进行实时监测，预警潜在风险。例如，在国有电力国企中，通过建立智能电网监测系统，实时监控电网运行状况，及时监控故障的蔓延情况，防止事故的进一步发生。

第四章 事中控制：国企经营管理风险监测与控制

第三节　转变风险管理思维

思维影响行动，在事中控制环节，国企需要转变风险管理思维，加大风险的控制力度，具体包括三个方面，如图4-4所示。

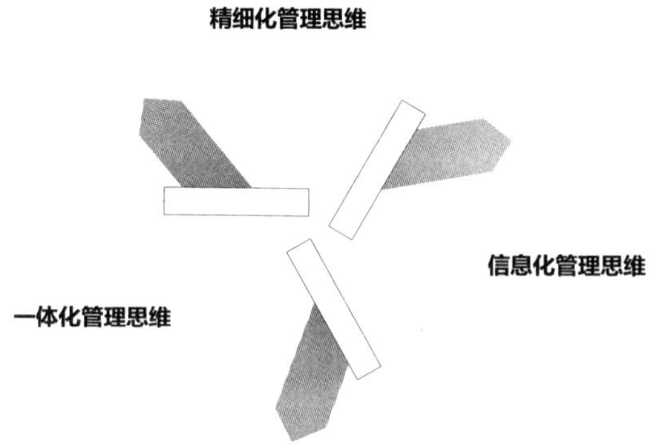

精细化管理思维

一体化管理思维　　**信息化管理思维**

图4-4　国企风险管理思维

一、精细化管理思维

在当前全球风险传导背景下，风险的传导将变得更加快速，特别是同一个供应链上的企业之间的风险传导将更加严重。国有企业面临着前所未有的挑战，如何应对一体化影响，确保企业持续健康发展，风险控制显得尤为重要。为了更好地把握风险，国有企业需要转变管理思维，树立精细化管理思维，将强分析、摸底数、差异化三个方面的要求融入风险控制工作中，实现风险的有效控制和防范。

首先，国企要增强对风险传导下风险传导影响的分析能力，建立应对风险传导影响的处置应对机制。为此，国企需要密切关注宏观经济运行情况，准确把握政策趋势，全面了解本地区经济发展实际情况。通过对宏观经济数据的深入研究，发现信贷业务进入和退出的重点区域和行业，提前预警和化解风险传导可能带来的系统性风险。在分析过程中，国企要注意运用多种分析方法，善于发现风险迹象，提高风险应对能力。

其次，国企要做好对资产质量影响的全面排查工作，摸清底数。国企可以通过客户信息调查、非现场回访等形式，深入了解风险传导对资产质量的具体影响。针对供应链上不同企业风险特点，实施风险细分战略，建立完善的合作管理台账和行业分析台账。这样既能够全面掌握合作企业的风险状况，又能有效引导国企在风险控制中采取更有针对性的措施。

在摸清底数的基础上，国企需要实施差异化的风险化解和客户服务策略。针对不同风险程度的客户，明确差异化的风险化解措施。对于受风险传导影响较大但暂未发生失信情况的合作企业，可进行阶段性扶持。而对于风险传导影响严重且已经造成账款无法回收的企业，国企应尽量秉着合作共赢的理念，帮助同一供应链上的企业渡过难关，重拾发展信心。

二、信息化管理思维

在当前风险管理的新形势下，国企应着力转变管理思维，树立信息化管理思维，以应对不断变化的市场环境和风险挑战。具体而言，国企需要在以下几个方面促进风险管理思维的转型，加持科技手段。

国企要树立数字思维，全面提升风险管理的数字化水平。通过运用大数据、人工智能等先进技术，可以实现对海量数据的高效处理和深度挖掘，从而更精准地预测和应对风险。同时，将风险控制嵌入各个业务场景和流程中，确保风控无处不在，进一步提高国企的风险控制能力。

国企需要树立统筹思维，强化科技手段的全局统筹和整体协同。改变以往各部门、各业务线单兵突进的模式，实现资源的集中高效利用。例如，国企可通过跨部门、跨业务线、跨层次的客户信息整合，建立统一视图的客户信息体系，加强客户数据多维度的挖掘分析。这样，国企便能更精准地识别客户需求、分析潜在风险，从而实现定向管理。

国企应树立共享思维，积极推动同业合作与协同。这包括共享技术、数据和业务平台，与实体国企和政府部门协同合作，实现风险共治、责任共担和成果共享。

总之，国企在事中风险控制方面应以信息化管理思维为核心，结合数字思维、统筹思维和共享思维，充分利用科技手段。这有助于提高国企对风险的识别、预测和控制能力，降低潜在损失，从而为国企实现可持续发展提供坚实保障。

三、一体化管理思维

法务管理、合规管理、内控管理和风险管理在实际运作中存在诸多相互交叉、相互补充、相互协调的关系，其核心目标都是帮助国企有效防范控制各类风险。近年来，国务院国资委对国企的法务、合规、风险和内控管理体系提出了明确要求，旨在推动国企建立一体化的管理平台[①]。因此，国企应树立一体化管理思维。

一体化的管理思维是指在风险管理过程中，将法务、合规、内控、风险管理有机地融合起来，建立法务、合规、内控、风险一体化管理体系，对相关组织机构、工作目标、工作内容以及工作流程等进行有机整合，实现平台统一、信息共享、流程整合、功能强化、协调运转的风险管理体系，从而提高国企风险控制能力。

这种一体化管理思维具有多方面的优势：一能降低管理成本，提高管理效率。通过整合法务、合规、内控、风险管理的流程，减少重复管理、资源浪费等问题，提高管理效率；二能有效控制风险，促进国企安全发展。建立风险一体化管理体系能够有效遏制公司重大诉讼案件、重大风险事件的频发，为公司经营发展保驾护航。三能强化风险管理理念，塑造国企风险管理文化。一体化管理有助于将风险管

---

① 崔罡，胡志成，张庆亮，等.国家电网风险内控合规一体化运行体系的探索与实践[J].财务与会计，2021（23）：31-34.

理理念深入人心，建立廉洁自律、重视风险、诚信经营、依法合规的国企风险管理文化。四能适应新形势下市场竞争、改革转型升级的需要。建立法务、合规、内控、风险一体化管理体系是公司转型升级、提质增效工作的重要保障，有利于提高国企市场竞争力。

为此，国企要坚持制度化、信息化、科学化的管理手段。法务、合规、内控、风险一体化管理应以规章制度、管理流程、信息技术等为手段，运用现代管理理念和科学方法进行管理。

在具体实践中，要贯彻一体化的管理思维，需要遵循以下几个原则：

一是统筹协调。法务、合规、内控、风险管理之间相互交叉、相互影响，需要有一个统筹协调的机制来协调各部门之间的关系，避免重复工作，减少资源浪费。

二是统一规划。法务、合规、内控、风险管理需要有一个统一的规划，包括目标、策略、指标、流程等，为整个管理体系提供清晰的指导和标准。

三是信息共享。不同管理部门之间需要共享信息，包括法律法规、政策文件、市场信息等，从而能够及时发现风险并采取相应措施。

四是整合资源。各管理部门之间需要整合资源，包括人力、物力、财力等，实现资源的最优配置，从而提高整体效率。

五是全员参与。风险管理需要全员参与，每个员工都需要对国企风险负有责任。因此，国企需要加强员工风险意识的培养，让员工从事每项工作都能够思考可能存在的风险并采取措施加以控制和控制。

总之，构建法务、合规、内控、风险一体化管理体系，需要树立一体化的管理思维。这种管理思维强调全局把握、协调内外、各司其职、互相配合，从而提高了整体效率和管理水平，有助于国企有效地控制和应对各种风险，提升国企的竞争力和可持续发展能力。

第五章　事后应对：国企经营管理风险应急与整改

第五章　事后应对：国企经营管理风险应急与整改

风险的防控不仅仅体现在事前的防范和事中的控制上，有些风险本身就是避无可避的，并不是简单的防控就能杜绝风险发生。因此，在风险发生后的应急响应和整改行动也决定着国企经营管理风险防控的成效。事后应对关注的是如何在风险事故发生后，迅速启动应急响应机制，采取切实有效的整改措施，降低风险事故对企业的损失，并通过总结经验教训，提高企业未来应对类似风险事件的能力。因此，在事后应对方面，国企需重视经营管理风险事件应急机制建设、风险管理评价体系建设，以及风险管理评价结果的应用。

第一节　国企经营管理风险事件应急机制建设

一、应急管理的发展

风险应急管理，简单来说，是对突发事件和潜在风险进行识别、评估、控制、处置和恢复的一系列管理过程。这一概念起源于20世纪60年代，当时的国际社会开始关注环境问题、核事故和自然灾害等问题，从而推动了风险应急管理的发展。

随着风险应急管理理念的发展，国际出现了许多相关的法规和标准。例如，国际标准化组织（ISO）制定的《ISO 31000：风险管理指南》等国际标准，为风险应急管理提供了通用的框架和指导原则。于是，风险应急管理在全球范围内得到了广泛认可，并在各国政府和企业中得到了落实。工业发达国家已经建立起了完善的风险应急管理体系，其中包括应急管理机构、应急法规、应急教育与培训、应急物资储备等多个方面。

在我国，自1949年中华人民共和国成立以来，风险应急管理体制取得了长足的发展。从自然灾害到人为事故，应急管理范围逐步扩大，逐渐从传统的解决问题型应对方式转变为预防式应急。近年来，我国加大了对风险应急管理的投入，制定了一系列法律法规，如《中华人民共和国突发事件应对法》《中华人民共和国安全生产法》等，为风险应急管理提供了法制保障。

除了政府层面的应急管理，企业也越来越重视风险应急管理。许多企业已经建立了专门的应急管理部门，负责制定应急计划、组织应急演练、建立应急物资储备等。同时，企业还与政府、社会组织、专业救援队伍等建立起紧密的合作关系，以共同应对突发事件。

风险应急管理的发展还体现在科技创新方面。大数据、人工智能、物联网等先进技术已经在风险应急管理中发挥了重要作用。例如，通过大数据分析，可以更准确地预测自然灾害的发生和影响范围；利用人工智能和物联网技术，可以实现实时监测和远程控制，提高应急响应速度和效果。

尽管风险应急管理在全球范围内取得了积极进展，但仍面临着一些挑战。一方面，全球化进程使得风险具有更强的跨国性，单一国家很难独自应对。因此，加强国际合作，共同应对风险成为当务之急。另一方面，随着科技和社会的发展，新型风险不断涌现，如网络安全、生物安全等领域。这要求我们不断更新风险应急管理的理念和方法，提高风险应对能力。

总之，风险应急管理是一门涉及多学科、多领域的综合性管理学科，旨在识别、评估、控制、处置和恢复各种潜在风险，以保障社会安全、减少损失并确保组织正常运行。

二、国企风险事件应急管理措施

为了保障企业的稳定运行,及时应对发生的风险,国企通常会采取一些应急管理措施,以便在面临风险事件时迅速启动应急机制,减少损失,保障企业及员工的安全。需要指出的是,各国企应根据自身行业特点和面临的风险,制定符合实际需求的应急管理措施,实现有效的风险应对,防止风险的进一步蔓延。

(一)制定应急预案

制定应急预案是国企风险应急管理的基础性工作,对于国企来说至关重要。在面临风险和突发事件时,一份科学、完善的应急预案能够指导国企做出迅速、有效的应对,降低风险带来的损失,保障国企的正常运行和稳定发展。同时,制定应急预案有利于国企增强风险意识。在制定预案的过程中,国企需要对自身可能面临的风险进行全面梳理,提高对风险的认识。这有助于国企加强风险防范,提前预防和减轻风险的发生。同时,通过预案的制定,国企可以明确各个部门在应急响应中的责任和任务,有利于加强内部协调,提高应急响应效率。

在制定应急预案时,国企需要从以下几个方面进行深入考虑和完善。

国企首先需要进行全面的风险识别,对可能影响国企正常运行的各种风险进行系统梳理。这包括内部风险,如设备故障、生产安全事故、员工疫情等;也包括外部风险,如自然灾害、市场波动、政策变化等。在风险识别过程中,国企应充分利用专业知识,参考历史数据和行业案例,确保识别的风险类型既全面又具体。

针对识别出的风险,国企应进行风险评估,分析每种风险发生的可能性和影响程度。根据评估结果,国企可以确定哪些风险具有较高的优先级,需要重点关注和应对。此外,国企还应定期更新风险评估,以适应不断变化的内外部环境。

在明确关注的风险后，国企应为每种风险制定具体的应急响应流程。这包括在风险发生时如何开展救援、如何调动资源、如何协调各方力量等。例如，在制定火灾应急预案时，国企应明确火警报警后的紧急疏散路线、灭火器材的使用方法、消防队伍的联系方式等。同时，国企还应考虑到不同场景下的应急响应措施，如局部火灾、大面积火灾等，以确保预案的实用性和可操作性。

除了应急响应流程外，应急预案还应明确责任分工。这意味着国企需要设立专门的应急管理组织，由国企领导直接领导，各部门协同配合。国企还应明确各部门、各岗位在应急响应过程中的具体职责，确保每个人都知道在风险发生时应如何行动。例如，在火灾应急预案中，国企应明确安全生产部门负责组织灭火、人力资源部门负责组织疏散、公共关系部门负责与外部救援力量沟通等。这样一来，各部门在应急时能够迅速进入角色，高效协作，降低风险事件带来的损失。

此外，在制定预案的过程中，国企可以参考政府部门和行业协会的指导意见，借鉴其他国企的成功经验。同时，国企还可以与专业机构合作，共同研究应急技术和方法，提高预案的科学性与合理性。

（二）定期进行应急演练

应急演练能帮助员工熟悉应急预案和应急操作流程，提高国企在面临风险时的应急响应能力。国企在开展应急演练时，需确保演练的针对性、实际性、跨部门协同、持续性、评估与反馈等方面的有效性，从而提高国企的应急响应能力和风险防范水平。通过深入、系统地进行应急演练，国企能更好地应对各种风险，确保国企和员工的安全，为国家的经济社会发展做出更大的贡献。

具体而言，国企首先应确保应急演练的针对性。这意味着国企需要根据自身所面临的主要风险类型，有针对性地设计应急演练方案。例如，对于国有电力国企，可能需要关注输电线路的安全问题，组织应急演练时应重点模拟线路故障、停电等事件。而对于国有化工国企，关注的重点可能是化学品泄漏、爆炸等风险，演练时应模拟泄漏处置、疏散撤离等操作。

其次，国企应确保应急演练的实际性。为了提高演练效果，国企需要模拟真实的风险场景，使员工能够在紧张的环境中磨炼应急技能。这可以通过搭建模拟场景、使用专业道具和设备等手段实现。同时，国企还应鼓励员工在演练过程中发挥创造性，以应对实际风险中可能出现的各种突发情况。

在应急演练过程中，国企还应注重跨部门协同。这包括国企内部的各个部门，如生产、安全、人力资源等，以及国企与外部救援力量的协同，如消防、医疗、环保等。通过建立跨部门协同机制，国企能够在风险发生时迅速调动各方资源，提高救援效率。例如，在国有石油国企的火灾应急演练中，国企应组织安全、生产、人力资源等部门密切配合，同时与消防部门进行沟通协作，以确保火灾救援的顺利进行。

为了保证应急演练的持续性，国企应建立长效机制，定期组织应急演练。定期演练能使员工时刻保持应急意识，确保在风险发生时能够迅速、准确地采取行动。同时，国企还应根据演练的效果和实际风险发生的情况，不断完善和调整应急预案，使之更加适应国企风险应对的需求。

除此之外，国企应注重应急演练的评估与反馈。在每次应急演练结束后，国企需要对演练过程进行全面评估，分析员工的应急响应能力、协同配合程度以及应急预案的有效性等方面。通过评估，国企可以找出应急演练中存在的问题和不足，从而进一步改进预案和演练方案。例如，国有交通运输国企在进行应对恶劣天气引发的交通事故的应急演练后，应对参与演练的员工进行培训和指导，以提高他们在实际风险事件中的应对能力。

国企还应关注国内外应急管理的最新发展，不断吸收先进理念和方法，提升应急演练水平。例如，可以参考国际上成功应对类似风险的国企和机构的应急经验,学习其在应急演练中的优秀做法。同时,国企还应积极参与国内外的应急管理交流与合作,以便及时了解行业动态和最新技术,提高国企应对风险的能力。

(三)加强员工应急培训与教育

加强员工应急培训与教育是国企提高整体应急响应能力的关键环节。加强员工应急培训与教育是国企提高应急管理水平的关键措施。通过系统、全面的培训,国企可以使员工熟练掌握应对各类风险事件的方法和技能,提高国企整体应急响应能力。在此基础上,国企还应将应急培训教育与其他应急管理措施相结合,形成一个完整的应急管理体系,从而更好地应对和预防各类风险,确保国企的稳定和持续发展。

国企应将应急培训与教育纳入员工培训体系,确保所有员工都能接收到系统、全面的应急知识培训。这包括定期组织员工学习应急管理法律法规、国企应急预案及相关政策,使员工了解国家和企业对应急管理的要求和指导原则。

国企应结合自身行业特点和风险特征,有针对性地设计应急培训内容。例如,国有石油化工国企可以开展防爆、防毒、泄漏处置等方面的培训,使员工熟悉化工设备操作规程,掌握化学品泄漏应对技能;国有电力国企则可针对电气火灾、输电线路事故等风险,培训员工如何识别电气安全隐患、采取紧急避险措施等。

国企还应注重培训的实践性和操作性,通过模拟实际应急场景,使员工能够在模拟环境中熟练应用所学知识和技能。比如,国有建筑国企在进行高空作业安全培训时,可以设置高空作业模拟场景,让员工亲身体验高空作业安全措施的使用和操作。

鼓励员工参加专业应急培训课程,获得相应的应急技能证书也十分必要,可以提高国企应急队伍的整体素质。如国有铁路国企可鼓励员工参加应急救援培训,使其掌握火车事故现场急救、疏散乘客等技能。

在进行应急培训与教育时，国企还应关注培训效果的评估与反馈。国企可以通过定期组织应急知识测试、实际操作考核等方式，了解员工应急知识掌握情况，针对不足及时进行补充培训。同时建立健全应急培训档案，对员工的培训情况进行详细记录，以便对培训成果进行长期追踪和评估。

除了内部培训，国企还可与外部专业机构合作，共同开展应急培训活动。这可以帮助国企引入更多先进的应急理念和技术，进一步增强员工的应急意识和能力。例如，国有航空国企可以与国际民航组织合作开展航空应急救援培训，提高员工应对航空事故的专业能力。

为确保应急培训与教育的实际效果，国企可以将应急知识和技能的掌握纳入员工绩效考核体系，使员工更加重视应急培训。此外，国企还应设立应急知识传播平台，鼓励员工在平台上分享应急经验和心得，促进国企应急知识的普及和传播。

（四）建立应急物资储备制度

建立应急物资储备制度是国企提高应急管理能力的关键环节。这一制度要求国企根据自身的特点和可能面临的风险，制定详细的应急物资储备计划，包括物资种类、数量、储存地点和保管方式等。通过科学、合理的应急物资储备计划和有效的物资管理调配体系，国企能够在风险事件发生时迅速采取救援行动，降低风险造成的损失。

为此，国企应对可能出现的应急情况进行全面分析，确保应急物资储备计划的科学性和针对性。例如，国有电力国企需要分析可能发生的事故类型（如火灾、设备故障等），并根据这些事故类型储备相应的应急物资，如灭火器材、备用发电设备等。

国企还应建立应急物资采购和储备机制。国企需要与供应商建立长期稳定的合作关系，确保应急物资的供应及时、充足。同时，国企还应对储备的应急物资进行定期检查和更新，确保物资在应急时能够有效发挥作用。例如，国有医疗机构应确保储备的急救药品和医疗器械在有效期内，以保证在紧急情况下的使用效果。

除了准备物质，国企要加强应急物资的管理和调配，建立一套高效的应急物资调度体系，使应急物资能够在最短时间内送达事故现场。例如，在国有交通运输国企，为应对交通事故或自然灾害，国企可建立应急物资储备点，并与相关部门建立联动机制，确保应急物资在需要时迅速调用。同时，国企还应加强应急物资使用培训，确保员工能够熟练操作应急设备。例如，国有建筑国企应对员工进行防塌、防火等应急救援设备的操作培训，使员工在事故发生时能够迅速展开救援行动。

（五）定期评估和完善应急管理体系

定期评估和完善应急管理体系是国企提高应急管理水平的重要途径。通过科学、系统的评估工作，国企能够及时发现并解决应急管理中的问题，从而提高国企在面临风险时的应急响应能力。只有不断地对应急管理体系进行优化和升级，国企才能在应对各类风险时做到临危不惧、应变自如，确保国企的稳定发展。这一过程要求国企对现有的应急管理措施进行全面审查，识别其中的不足之处，并及时进行调整和改进。

国企应建立一个专门的应急管理评估团队，负责组织和实施评估工作。评估团队应具备专业的应急管理知识和经验，能够对国企的应急管理体系进行客观、全面的分析。例如，国有化工国企应组建一个专门的应急管理评估团队，对国企在化学品泄漏、火灾等方面的应急管理体系进行评估。

国企要确保评估工作的周期性和连续性。国企需要定期对应急管理体系进行评估，并根据评估结果进行调整和完善。例如，国有石油国企可以每年对油气泄漏应急预案进行评估，针对新的技术和管理要求进行调整。

在评估过程中，国企需要关注应急预案的实用性和针对性。例如，国有航空国企应评估飞机紧急着陆应急预案是否适应新型飞机的特点，针对不同机型制定相应的应急预案。还应关注应急培训和演练的有效性。通过对员工的应急知识和技能进行测试，评估培训和演练的实际效果，以便进行针对性的改进。例如，国有电力国企可以对员工进行突发停电应急处理能力的测试，评估应急培训和演练的成果。

此外，国企还可以加强与外部专业机构的合作，引入第三方评估，以提高评估的公正性和专业性。例如，国有铁路国企可以邀请专业的安全评估机构对列车事故应急预案进行评估，提出改进建议。国有电信国企可以与国家和地方的网络安全管理部门保持密切合作，共享网络安全信息，定期评估网络安全应急预案，以确保预案能够有效应对新出现的网络威胁，提高国企的网络安全防护水平。

最后，国企应根据评估结果及时调整和完善应急管理体系。这包括修订应急预案、完善应急物资储备制度、加强应急培训和演练等。例如，国有水利国企在评估发现防汛应急预案不足时，应针对评估结果对预案进行修订，加强防汛设施建设和人员培训。

三、国企应急管理实践——以国家电网公司为例

国家电网有限公司是典型的国有企业，电网安全的应急管理工作一直受到国家的高度重视。应急管理部与国家电网有限公司签署了一项战略合作协议，旨在充分利用电力大数据资源，提高应急管理的科学化、专业化、智能化和精细化水平。这项协议体现了应急管理部在防范和解决重大安全风险、及时应对各类灾害事故方面的重要职责，以及国家电网公司在提供高危行业安全生产监管和自然灾害分析研判的大力支持。合作的下一步将建立具体的工作机制，推动合作事项尽快实施，全面总结并推广"电力助应急"的试点经验，形成全国范围内的工作模式和应用机制。双方还将围绕电力领域安全管理、安全生产监管创新、工业互联网＋安全生产、自然灾害分析研判和人才队

伍培养等方面展开深入合作，共同推进应急管理体系和能力的现代化建设。

以迎接夏季用电高峰为例，各地电网公司展开了各种应急管理工作，来提高应急处置能力，保障电网安全运行。

进入夏季，极端天气频发多发，安全生产面临挑战。国家电网有限公司认真落实党中央、国务院决策部署，深刻认识电力保供和应急工作的极端重要性，完善应急预案，强化预警预控、协同联动、资源保障、防汛抗灾准备，进一步提高应急处置能力，保障电网安全运行和电力可靠供应。

国网福建电力公司的员工开展了防汛应急演练，应用ECS系统与福建省气象台信息系统实时联动，监测电网设备状态，预警电网设备周边3千米范围内发生的自然灾害。建立了台风、暴雨、洪涝等灾害模型。同时，ECS系统通过多专业数据融合应用，实现设备、客户停电信息在线感知、电网灾情精准预测，可以进行应急资源数字化管理和指挥。该公司还将自主绘制的城市内涝灾害风险分布图和山区洪涝灾害风险分布图嵌入了ECS系统，使系统能够更精确地定位受洪涝灾害影响的配电线路范围。此外，国网福建电力公司还加强了应急队伍的建设，提升了灾害应对能力。打造了应急救援队伍体系，组建了一支精锐的应急综合救援队伍，三支输电快速复电、配电抢修供电和应急通信保障专业化队伍，以及九支市供电公司及五十九家县供电公司的应急抗灾抢险队伍，确保他们随时可以应对灾害。

国网安徽省电力有限公司要求各单位通过调控中心全时空平台、配网图模系统进行故障研判和抢修指导。全时空平台能体现电网、雷雨、水情等实时情况，而配网图模调度系统上，防汛重点单位的配电变压器都有"保供电"字样标注。在迎峰度夏来临之前，国网安徽电力总结了特大暴雨灾害电力抢修经验，并全面推进了存量住宅小区地下站房和重要负荷用电设施迁移至地面的工作。还要求各单位深化数字化防汛平台的使用，进一步提高电网设施的可视化监测能力。他们

第五章 事后应对：国企经营管理风险应急与整改

在历史受淹的变电站和重要线路区段安装了微气象监测装置，加强了汛期的远程集中监控。

国网四川电力公司推进重点基建工程建设和提升电网本质安全水平，加快多项度夏重点工程的建设，如500千伏昭化变电站主变压器扩建工程，并实施电网薄弱环节的补强措施。在地震等自然灾害发生时，该公司快速响应，恢复供电，并进行地质灾害隐患排查，也加快了重要区域负荷供给变电站的防汛能力提升，并落实了多项防汛隐患整治措施，以确保设备安全度夏。

除了应对夏季用电高峰的应急管理，国家电网在其他领域的应急管理工作也开展得有声有色，比如国网石嘴山供电公司开展的大面积停电应急演练，借此提升快速应急处置能力在该公司在惠农区红果子镇进行的应急演练中，他们模拟了因110千伏和平变电站全站失压，导致8条10千伏线路发生跳闸事件，影响居民用电的情况。该公司迅速启动了应急预案，成立了应急领导小组，并在第一时间根据转供方案进行了负荷转出，尽快恢复了居民的正常用电。这次演练的科目包括无脚本桌面推演和现场开关设备的巡视作业。通过有效的组织、联动和快速处理，演练参与人员努力将事故损失降至最低，并在最短的时间内恢复了电力供应。这次演练全面检验了该公司在电网处置、设备抢修、重要用户供电、安全保卫、舆情应对等方面的应急响应和应急联动能力。

还有国网西安供电公司，为了提升应急管理水平和应急专业技能，同时建设一支训练有素的应急队伍，该公司于2023年4月在西北某大学进行了一次培训。培训内容包括理论教学和实操模拟，理论部分重点学习了习近平总书记关于安全生产的重要论述、国家安全应急观，结合公司系统应急管理现状进行规章制度的解读，全面学习国内外突发事件应急处置应对方式。实操部分根据西安公司的特殊需求，特设了无人机照明系统使用、绳索系统使用及救援技术、户外应急救援及技能、应急救护技能等内容。此外，培训还包含了实战演练，模拟突发地震情况下的现场处置流程。学员们通过分组对抗，展示在应急现场的指挥、管理、协作、技能等知识应用，将所学内容应用于实践。通过这次培训，国网西安供电公司进一步加强了应急管理工作，规范了应急处置流程，提升了应急基干队员的综合防灾减灾救灾能力。

从各地迎峰度夏电力供应能力提升，到石嘴山供电公司的大面积停电事件应急演练，再到西安供电公司的应急管理及基干队员专业技能培训，这些都是国有企业在应急管理工作中的实践案例。他们通过精细化的工作计划、科学的管理机制，及时应对各类突发情况，以确保电力供应的稳定，展现了国家电网应对突发事件的坚决性和决策效率。这些实践表明，国家电网在提升应急管理能力方面的决心和行动力。不仅注重提升设备和技术的现代化水平，还强调对员工的专业技能培训，以确保在面对突发事件时，能够迅速、有效地进行应急处理。这种深入细致的工作方式，以及以人为本的管理理念，是国企应对突发事件、提升应急处理能力的重要借鉴。

期待在未来，国有企业能够继续在应急管理工作中发挥领头羊的作用，为社会的和谐稳定做出更大的贡献。

第二节 国企风险管理评价体系建设

一、国企风险管理评价体系介绍

（一）风险管理评价体系建设的作用

国企一般规模较大，很多都是集团企业，下设很多成员企业。风险管理评价体系在国企中发挥着至关重要的作用。通过建立这一体系，国企能够更好地贯彻落实国企层面推进风险管理体系建设的有关要求，确保国企集团成员企业风险管理的有效性和一致性，这在经营管理风险防控的事后应对过程中必不可少。

在风险管理评价体系的建设过程中，国企会考虑风险管理体系在实现战略目标、经营管理目标、资产安全目标、合规目标等方面的匹配性。综合采用调查、测试、分析、评估和改进等手段，国企应在定期或不定期的基础上，对风险管理体系建设水平与这些目标的实现程度进行比对。这样做有利于确保风险管理体系合理地支持国企实现战略目标等，又能促使国企在风险管理中发挥更大的潜能。

通过建立风险管理评价体系，国企可以更好地确保其战略目标、经营管理目标、资产安全目标和合规目标的实现。在评价过程中，国企能够对自身可能面临的风险进行全面梳理，提高对风险的认识，从而加强风险防范，提前预防和减轻风险的发生。同时，评价体系可以帮助国企明确各部门在应急响应中的责任和任务，加强内部协调，提高应急响应效率。

（二）风险管理评价体系建设的原则

在国企的风险管理评价体系建设中，应遵循以下原则：

1. 客观性原则

风险管理评价体系必须秉持客观公正的态度，以确保评价结果的准确性和公正性。客观性原则要求在监督检查和评价过程中，严格遵循相关规章制度，并以事实为依据，客观地反映各国企集团成员企业的风险管理现状。这有助于确保评价结果真实可靠，为国企的风险管理改进提供有力支持。

2. 统筹性与针对性原则

在设计风险管理评价体系时，应充分考虑国企整体发展战略和各国企集团成员企业的特点。从整体管控角度出发，评价体系需要制定统一的监督检查方案，按照标准流程规范实施。同时，鉴于各国企集团成员企业业务性质和风险特点的差异，监督检查和评价指标设计需具有针对性，以便更有效地凸显国企的风险管理重点和难点。

3. 实用性原则

风险管理评价体系需要具备实用性，以便在实际工作中顺利实施。实用性原则要求评价体系涵盖详细的检查目的、内容、方法和配合要求等方面，以确保评价工作的可操作性和实施效果。只有具备实用性的评价体系，才能在实际操作中发挥作用，推动风险管理水平的提升。

4.适应性原则

国企的风险管理评价体系需要具备较强的适应性，以应对法律法规调整和国企发展战略、经营方针等内外部环境的变化。适应性原则意味着评价体系应在法规、政策、市场环境等方面发生变化时，及时进行更新、调整、补充和完善，以确保评价体系与实际需求保持一致，推动国企风险管理能力的持续提升。

（三）风险管理评价体系建设的思路

在国企风险管理评价体系中，评价对象、评价指标、评价标准和评价报告是构成一个完整独立体系的关键要素（图5-1）。国企在建立风险管理评价体系时，需充分考虑评价对象、指标、标准和报告的制定和实施，确保风险管理评价体系的客观性、实用性、适应性等原则得到体现，以便为国企风险管理提供有效的支持和指导。

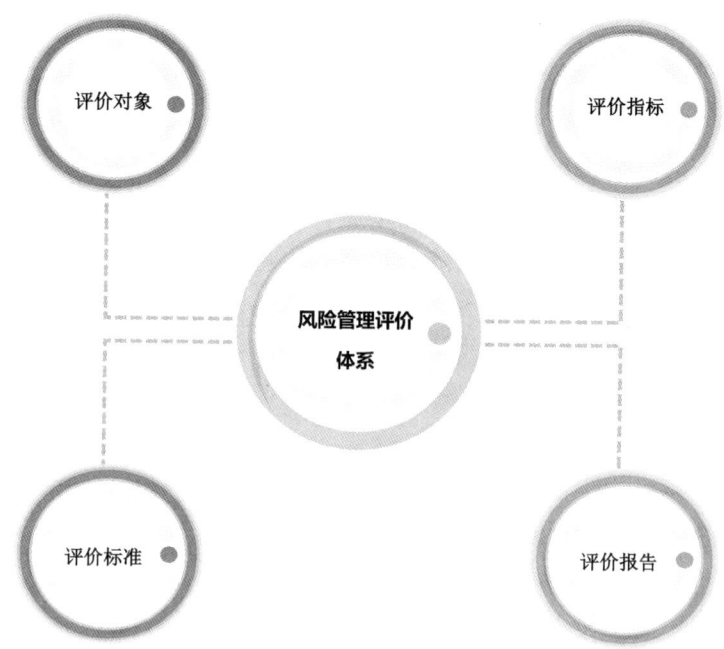

图 5-1 风险管理评价体系的关键要素

1. 评价对象

2006 年，国资委为指导央企开展全面风险管理工作，进一步提高企业管理水平，印发的《中央企业全面风险管理指引》，此指引至今依旧是央企，乃至大多数国企进行全面风险管理工作的重要指导文件。评价对象主要是国企集团成员企业的风险管理体系，需要关注风险管理体系的三个层面：完备性、成熟性和有效性。完备性主要评估国企风险管理体系是否满足《中央企业全面风险管理指引》及监管机构的基本要求，包括公司治理架构、会计规范等方面。成熟性则关注国企风险管理体系与其战略发展目标和业务风险的匹配程度，以及国企在运行过程中如何实现风险与收益的平衡。有效性则评估国企风险管理体系是否能够保证股东下达的风险容忍度指标不被突破，从而确保国企风险管理的实际效果。这三个层面的评估有助于全面了解国企集团成员企业风险管理体系的状况，为优化风险管理提供依据。

2.评价指标

针对风险管理体系的完备性、成熟性和有效性,应分别设定相应的评价指标。完备性评价主要关注国企风险管理体系是否满足底线要求,通过检查清单形式,回答"是"或"否"的问题。成熟性评价则需识别国企面临的主要风险类型及管理难度,根据国企风险分类框架,通过自评和他评方式,确定对国企影响最大的几类风险及管理难度,评价指标多为程度要求。有效性评价关注国企是否能遵守股东风险容忍度,设定硬性约束的惩罚性指标,一旦突破风险容忍度,则进行扣分。这些评价指标有助于量化风险管理体系的表现,为改进风险管理提供参考。

3.评价标准

评价标准是风险管理评价体系的重要依据。完备性评价的标准应结合全面风险管理体系框架和《中央企业全面风险管理指引》相关要求,建立检查表,逐项检查国企风险管理现状。成熟性评价的标准则需要结合国企业务面临的主要风险及管理难度,对国企风险管理相关能力进行评价和等级打分。这包括国企对风险识别、评估、控制和应对的技术水平、人员配备和管理流程等方面的综合评估。有效性评价标准应设定惩罚性扣分,一旦国企突破股东设定的风险容忍度,即进行扣分。这种扣分机制旨在督促国企严格遵守风险管理要求,确保风险管理效果得到体现。这些评价标准有助于为国企提供一个量化和可操作的风险管理评价框架。

4.评价报告

评价报告是风险管理评价体系的最终产物,国企总部需要综合评价国企集团成员企业风险管理体系的完备性、成熟性和有效性,对国企风险管理能力进行整体评价和打分。评价报告应详细记录评价过程中的发现、问题和建议,以便为国企提供改进风险管理的具体指导。

风险管理评价报告的结果应按照一定分值比重纳入国企集团成员企业管理层的绩效考核体系,以激励国企关注风险管理并采取有效措施降低风险。同时，评价报告应与国企授权体系充分结合，确保评价体系得以有效实施和运用，从而推动国企风险管理水平的提升。

二、国企风险管理评价体系方法论

（一）风险管理体系完备性评价

风险管理体系完备性评价对于国企的重要性不言而喻。在风险事后应对的环节，确保国企风险管理体系的完整性显得尤为关键。在此基础上，国企可以建立一个二维的全面风险管理体系框架，对国企集团成员企业风险管理体系的完备性进行监督与评价。这个全面风险管理体系框架主要包括七个方面的检查内容，具体如下：

1. 风险治理架构检查内容

风险治理架构是风险管理的基础。国企集团成员企业应根据风险管理三道防线的要求设置风险管理职能机构或者人员。具体包括风险组织架构和风险管理职责分工，确保各个层级和部门在风险管理方面的配备和职责得到明确和落实。

2. 风险分类检查内容

国企集团成员企业应确保其使用的风险分类体系与上级主管部门要求的一、二级风险分类体系一致。同时，根据风险分类体系梳理自身风险，制作分级明细风险清单，以便于后续的风险分析和应对。

3. 风险政策与偏好检查内容

风险政策与偏好是风险管理的导向。国企集团成员企业应确保有明确的风险政策体系和风险偏好，同时与上级主管部门的风险偏好和自身战略保持一致。此外，风险容忍度的设定与应用也是风险政策与偏好检查的重要内容。

4. 风险管理制度与流程检查内容

风险管理制度与流程是风险管理工作的具体落地。国企集团成员企业应制定完备的风险管理制度与流程并遵照执行，以确保风险管理工作的规范化和标准化。同时，还应关注制度的执行情况和维护工作，以及各类专项风险管理的实施。

5. 风险管理工具与方法检查内容

风险管理工具与方法是风险管理工作的核心。在实际操作中，国企集团成员企业应根据各自的业务现状和风险管理能力，有针对性地运用不同的风险管理工具和方法。这些工具和方法包括风险识别、风险分析、风险监控与评价、风险控制与应对以及监督检查等多个方面。具体的应用过程应根据不同行业的国企进行区别对待，确保风险管理工具与方法的有效性和适用性。

6. 风险文化检查内容

风险文化是风险管理工作的内在驱动力。国企集团成员企业应建立明确的风险文化理念，并采取措施进行宣传和推广。例如，制定道德规范手册、组织内部培训、通过媒介宣传等方式增强员工的风险意识。同时，还应营造公开透明的风险管理环境，确保信息的对称性和准确性以及沟通的有效性。

7. 风险信息系统检查内容

风险信息系统是风险管理工作的技术支持。国企集团成员企业应确保风险管理信息系统功能完备，涵盖源数据、数据层、应用层和展现层以及相应的功能模块。此外，还应关注风险管理信息系统在日常管理工作中的适用性、操作便捷性和安全保障机制等方面。

通过以上七个方面的风险管理体系完备性评价，国企可以更好地检查集团下属成员企业风险管理体系的优势和不足，并有针对性地采取改进措施。通过持续优化风险管理体系，将能够更好地抵御潜在风险，确保稳定发展。

（二）风险管理体系成熟度评价

风险管理体系成熟度评价是国企在应对风险时的重要工具。国企总部需要对集团成员企业风险管理体系的成熟度进行评价,以更好地支持国企的风险管理工作。

风险管理体系成熟度评价需要综合考虑国企集团成员企业业务经营中面临的主要风险及其管理难度。在全国国企统一的风险分类基础上,通过调研、访谈、问卷自评等方式,进行全面或专项的风险评价。根据风险的发生概率、风险发生对国企的影响程度和风险管理难度,综合识别集团成员企业主营业务面临的重大风险,作为后续风险管理体系成熟度评价的前提和输入。

在评价过程中,国企总部应与业内领先国企进行比较,关注各集团成员企业在重大风险的管控措施、流程安排、人员配置数量和素质能力等方面的表现。这有助于对集团成员企业风险管理体系成熟度做出更为客观的评价。在成熟度的级别上,可以从管理便利性的角度将其划分为基础、先进和领先三个级别。这些级别具有不同的定义、特征、有效性和价值。基础级别的风险管理体系具备基本的风险管理工具和方法,能够识别和应对常见风险,但在应对复杂和重大风险方面仍有局限。先进级别的风险管理体系在基础级别的基础上,拥有较为完善的风险治理架构和制度,能够针对不同类型的风险采取相应的管控措施。领先级别的风险管理体系则具备高度成熟的风险治理能力,能够在各类风险面前灵活应对,最大限度地降低风险对国企的影响。

对集团成员企业风险管理体系成熟度的评价有助于国企总部更好地了解国企集团成员企业在风险管理方面的实际情况,从而提供针对性的指导和支持。通过风险管理体系成熟度评价,国企总部可以发现集团成员企业在风险管理方面的优势和不足,进而制定合适的风险管理策略和措施,提升整体风险管理能力。

值得注意的是,风险管理体系成熟度评价并非一次性活动,而应该作为一个持续的过程,定期对集团成员企业的风险管理体系进行评价和优化。随着国企业务的发展和市场环境的变化,新的风险和挑战不断涌现。因此，国企总部应该关注集团成员企业在风险管理领域的持续改进，确保其在面临不断变化的风险环境中始终保持竞争力。

总之，风险管理体系成熟度评价对国企的风险管控具有重要意义。通过对国企集团成员企业风险管理体系的评价，国企总部可以发现潜在的风险，制定有效的风险应对措施，提高整个集团的风险管理能力。在实施评价的过程中，国企总部应关注风险管理体系的持续改进，并推动风险管理知识和经验的分享与交流，以应对不断变化的市场环境和挑战。

（三）风险管理体系有效性评价

风险管理体系的有效性评价旨在评价国企风险管理体系的执行情况和运行效果。在国有大型综合企业中，风险管理体系的有效性评价是至关重要的。此类国企股东的诉求主要集中在战略性投资任务的完成和国企资产的保值增值。这些国企在不同行业领域的集团成员企业中体现了各自的定位和管控方式。

为了确保国企集团成员企业的风险管理和经营活动符合要求，股东会根据不同平台国企设定不同的风险偏好、风险容忍度和风险限额指标。这些指标通过股东建议书的形式下发给国企集团成员企业董事会。在这种情况下，如果国企集团成员企业的风险管理体系执行情况良好且运行有效，那么突破股东风险容忍度指标将成为小概率事件。因此，评价国企集团成员企业风险管理体系有效性的一个标准可以设定为国企经营管理是否在股东的风险容忍度范围内运行。

此外，根据《中央企业全面风险管理指引》，国企集团成员企业重大风险事件的发生也可以作为评价国企风险管理体系有效性的另一个标准。通常情况下，重大风险事件很可能由风险管理体系的缺陷导致。因此，在评价国企集团成员企业风险管理体系有效性时，需要关注国企是否在股东的风险容忍度范围内运行，以及重大风险事件的发生情况。

综上所述，国企风险管理体系有效性评价的关键在于考察体系的执行情况和运行效果。在此背景下，评价标准需要综合考虑国企经营管理是否在股东的风险容忍度范围内运行，以及重大风险事件的发生情况。

三、国企风险管理体系评价的方式

国企对集团成员企业的风险管理体系进行评价的方式主要有两种，分别为现场检查和非现场检查，其中又以现场检查为主，因其检查结果更直接明确且利于沟通整改，适用于对风险管理体系的完整性和成熟度进行评价；非现场检查主要包括风险报告（定期和不定期）、专家评价和综合评价等，适用于对风险管理的有效性进行评价。

（一）现场检查

现场检查是一种直接与被检查国企人员进行交流、与国企资料及信息系统实现零距离接触的手段，其能在较短时间内全面深入地了解国企的真实情况，因此成了监督检查评价的常用方式之一。现场检查对全面风险管理体系会对各个流程和要素的建设与执行情况进行实地调查，覆盖范围广泛，更加贴近风险管理的日常工作。现场检查可通过多种方式进行，如全面检查、专项检查、列席检查、回访检查等。以下为现场检查方式的具体描述：

1. 全面检查

全面检查是对国企集团成员企业整体风险管理体系运行状况实施的常规性检查。国企可根据实际需求定期对国企集团成员企业进行全面检查，检查过程中可以综合运用文件审查、人员访谈、问卷调查、抽样查看等多种手段，广泛搜集国企集团成员企业风险管理体系建设和执行的直接信息。国企可根据需要编制《风险管理现场检查手册》，详细规范对国企集团成员企业的检查内容和方法。

2. 专项检查

专项检查是针对国企集团成员企业存在的风险问题或容易出现风险的重大事项进行的专门检查,例如监管部门年度监督检查重点、内部检查中发现的重点风险隐患、外部风险事件扩散可能导致较大风险冲击的情况等。通常可以进一步采用文件审查、人员访谈、问卷调查、抽样调查等方法进行深入检查,并可通过专题讨论与风险相关人员共同就该风险问题或风险事件的所有信息进行沟通检查,了解解决方案和处理情况。

3. 列席会议

列席会议是指参加与风险相关的重要会议,如国企集团成员企业关于重大风险事件的分析讨论、总结会议,以及风险管理工作安排会议等。国企风险管理人员列席国企集团成员企业风险相关会议,一方面可以检查国企集团成员企业的风险水平及应对措施,另一方面通过参会情况对国企集团成员企业各级风险管理人员履职状况有更直观的了解,作为监督检查结果的参考。列席会议过程中,监督检查人员可根据需要参与讨论或提供建议。

4. 回访检查

回访检查是对国企集团成员企业在前述几类检查过程中发现问题的整改落实情况进行的检查,例如全面检查中发现的突出风险管理问题的解决、针对重大风险进行专项检查的处理结果或者列席会议了解到的重大风险事件应对措施的开展等。回访检查通常是有针对性地进行文件审查或者人员访谈。

(二)非现场检查

非现场检查作为一种评价方法,主要通过定期或不定期地收集风险管理报告等相关资料,同时结合专家评价和综合分析等非现场手段来对国企的风险管理体系进行评价。这种评价方式能够在不直接参与现场工作的情况下，全面了解和评价国企的风险管理状况，为国企提供有针对性的改进建议。

在非现场检查过程中，定期的风险管理报告，如年度风险管理报告，是非常重要的。年度风险管理报告通常包括全面风险管理工作计划的完成情况、关键风险指标（KRI）监控结果分析、重大风险处理情况以及风险管理信息系统的现状等内容。这些报告为评价人员提供了全面的风险管理信息，有助于了解国企集团成员企业在风险管理方面的整体表现。

除了定期的风险管理报告，不定期的风险管理报告，如专项风险报告和重大风险或风险事件报告，也是非现场检查中不可或缺的一部分。这些报告可以针对特定领域或特定事件提供详细的风险管理信息，有助于评价人员深入了解国企集团成员企业在特定情况下的风险管理措施和效果。

在进行非现场检查时，评价人员还可以请教相关领域的专家，以获取更为专业和深入的意见。通过与专家的交流，评价人员能够更全面地了解风险管理的最佳实践和行业发展趋势，从而为国企集团成员企业提供更有针对性的指导和建议。

综合分析是非现场检查的另一个重要环节，通过对定期和不定期风险管理报告的内容进行整体分析和评价，评价人员可以对国企集团成员企业的风险管理体系有一个全面的了解。此外，综合分析还可以揭示潜在的风险管理问题和挑战，为国企提供改进方向。

总之，在国企风险管理体系评价的过程中，非现场检查是一种行之有效的方法。通过收集和分析风险管理报告、请教专家以及综合分析等手段，评价人员可以全面地了解和评价国企集团成员企业的风险管理状况。

四、国企风险管理体系评价的流程

风险管理评价包括评价准备、评价实施、评价反馈和评价报告四个阶段。

（一）评价准备

在评价准备阶段，国企的风险管理部门应遵循相关规定，拟定年度和专项风险检查评价工作计划，并提交给国企风险管理委员会审批。在批准的工作计划基础上，风险管理部门结合国企的整体控制目标，制定具体的实施方案，分管领导批准后下发。同时，风险管理委员会应组建风险管理评价小组，负责对各国企集团成员企业的风险管理工作进行评价。各国企集团成员企业依据风险管理评价方案，对职责范围内的风险管理情况进行检查评价。实施方案应明确评价目的、范围、标准、方法、进度安排和费用预算等内容。

评价一般分为两种组织方式：国企公司抽调业务骨干组建跨部门风险管理评价小组评价国企各国企集团成员企业风险管理情况；各国企集团成员企业组建风险管理自评评价小组对各自的风险管理进行自评检查评价工作；国企总部或国企集团成员企业也可聘用外部的专业人员组成独立的评价小组开展检查评价工作。

（二）评价实施

评价实施阶段分为两个部分：实施自评和实施现场检查评价。实施自评时，自评评价小组根据国企批准的评价方案，对本部门或本单位职责范围内的风险管理进行自我检查或独立评价工作，选择合适的评价方法进行必要的测试，获取充分、相关、可靠的证据来评价风险管理的有效性，并做出书面记录，确认管理缺陷和不足。

实施现场检查评价时，国企风险管理评价小组进驻被评价国企开展评价工作，各国企集团成员企业应积极配合检查、评价。评价小组成员在现场检查、评价过程中如实填写风险管理体系评价记录，并根据审核结果，提出整改的主要问题，对风险管理体系各过程和要素进行评价，形成风险管理体系评价打分表。

（三）评价反馈

评价反馈阶段包括提交自我评价报告、抽查和复核以及反馈与整改三个部分。

提交自我评价报告时，自评评价小组成员负责如实记录和反映检查评价过程，编制工作底稿、自我评价报告和管理优化改进方案，经本企业负责人确认后提交国企风险管理评价小组。

抽查和复核环节中，风险管理评价小组根据国企风险管理委员会的授权，对各国企集团成员企业报送的自我检查评价工作底稿和评价报告进行真实性、合理性的抽查和复核。此外，按计划到各国企集团成员企业进行现场评价。

在反馈与整改环节，被评价国企集团成员企业根据评价过程中发现的问题制定整改措施，形成《风险管理体系评价主要问题整改计划》，并在两周内报国企风险管理部。国企集团成员企业将整改完成情况填入《风险管理报告（月报/季报）》，并及时上报国企风险管理部。

（四）评价报告

在评价报告阶段，风险管理评价小组在现场检查评价和整改反馈情况的基础上，分析、汇总国企各国企集团成员企业风险管理检查评价结果。通过综合判断各国企集团成员企业风险管理体系的完备性、成熟性和有效性，编制风险管理评价报告，最后提交给国企分管领导。

第三节　国企风险管理评价结果的应用

风险管理评价的结果是国企风险管理现状的重要体现，也是制定或改进制度流程和经营计划的重要参考，通过应用风险管理评价的结果进行国企经营管理风险的防控改进，可以形成一个国企风险管理的闭环，促进国企的健康发展。

一、国企绩效评估改进

绩效评估作为评价国企综合实力的重要手段，其涵盖的方面包括经营管理、风险管理、财务状况等多个层面。而国企风险管理评价结果可以与绩效评估进行挂钩，这对于国企的经营管理风险防控和绩效评估工作具有双向的促进作用。一方面，绩效评估对于国企经营管理风险管理具有重大的激励作用。评价结果可以为国企领导和管理层提供明确的参考依据，帮助他们识别国企在经营管理和风险管理方面的优势与不足，从而制定针对性的改进措施。另一方面，监管部门可以根据绩效评估结果，对国企的经营管理和风险管理水平进行全面评估，为政策制定和监管措施提供科学依据。

国企在进行绩效评估时，需要关注多元化的评价指标和方法。除了关注国企的财务绩效外，还要重视非财务绩效，如国企社会责任、环境保护、技术创新等方面的表现。具体要从以下三个方面入手。

（一）梳理并归纳风险管理评价结果

国企首先需要将已有的风险管理评价结果进行梳理和归纳。这一过程包括对国企的各项风险管理措施、风险应对策略和风险管理成果进行汇总和整理。对这些评价结果进行深入了解，帮助国企发现其在风险管理方面的优势和不足。

在梳理风险管理评价结果的过程中，国企需要对各个部门和业务线的风险管理状况进行详细的梳理。这意味着国企需要对内部组织结构、业务流程、管理制度、人力资源等各个方面进行全面审查，以确保风险管理评价结果具有客观性和实用性。在这一过程中，国企可运用数据分析、专家评估、员工问卷调查等多种手段，全面了解风险管理评价结果的内涵和外延。

同时，国企还应关注风险管理评价结果的时效性。风险管理评价是一个动态的过程，需要及时对新出现的风险进行评估并做出调整。因此，在对风险管理评价结果进行梳理和归纳时，国企需要关注风险管理的持续性和可持续性。这不仅涉及风险管理制度的更新和完善，还包括对风险识别、风险评估、风险应对等环节的持续优化。

在分析风险管理评价结果时，国企需要从多个角度进行分析，以发现在风险管理方面的优势和不足。具体而言，国企可以从以下几个方面展开分析：

1. 风险管理制度的健全程度

一个完善的风险管理制度是确保国企有效防范和应对风险的关键。通过分析风险管理制度的设置、执行和完善情况，国企可以了解到风险管理制度在实际运作中的优势和不足，从而为优化风险管理制度提供依据。

2. 风险识别和评估的准确性

风险识别和评估是风险管理的基础环节。国企需要对风险识别和评估过程中所采用的方法、技术、数据等进行全面分析，以确保风险识别和评估的准确性和可靠性。在这一过程中，国企可以借鉴国内外同行业的先进经验和做法，以提高风险识别和评估的质量。

3. 风险应对策略的有效性

在分析风险管理评价结果时，国企需要关注风险应对策略的有效性。这涉及风险应对策略的设计、实施和监控等多个环节。国企可以通过对历史案例的分析，了解风险应对策略在实际运作中的成效，从而为优化风险应对策略提供依据。

4. 风险管理文化的建设

风险管理文化是风险管理制度得以有效实施的基础。国企需要关注风险管理文化的建设情况，包括员工对风险管理的认知、态度和行为等方面。通过对风险管理文化的分析，国企可以发现在风险管理文化建设方面的优势和不足，并采取相应措施加强风险管理文化的建设。

5. 风险管理与国企战略的结合

在分析风险管理评价结果时，国企需要关注风险管理与国企战略的结合程度。这意味着国企需要在战略规划、业务拓展、资源配置等方面充分考虑风险管理的因素。通过对风险管理与国企战略结合程度的分析，国企可以了解到风险管理在支持国企战略发展方面的作用，从而为战略决策提供有益参考。

通过以上对风险管理评价结果的梳理、归纳和分析，国企可以了解风险管理方面的优势和不足，不仅知其然，还知其所以然。这对于国企在风险管理工作中的持续改进具有重要意义。

在此基础上，国企再将风险管理评价结果与绩效评估挂钩，可以实现风险管理与绩效评估的有机结合。

（二）风险管理评价结果与业务绩效关联分析

国企应该将风险管理评价结果与业务绩效进行关联分析。具体来说，国企可以将风险管理评价结果与各业务部门的业务成果进行对比，以确定哪些部门在风险管理方面做得好，哪些部门存在问题。通过对比分析，国企可以发现哪些风险管理措施对业务绩效产生了积极影响，哪些风险管理措施可能需要进行调整或优化。

为了将风险管理评价结果与业务绩效进行关联分析，国企可以从以下几个方面展开工作，如图 5-2 所示。

图 5-2　风险管理评价结果与业务绩效关联分析

1. 对比分析各业务部门的风险管理状况

国企可以通过收集各业务部门的风险管理数据，包括风险识别、风险评估、风险应对、风险监控等方面的信息，对各部门的风险管理状况进行全面了解。这将有助于发现各部门在风险管理方面的优势和不足，为后续的业务绩效关联分析提供基础。在实际操作中，国企可以设立专门的风险管理部门，负责组织、协调各业务部门的风险管理工作，确保信息的准确性与及时性。同时，国企还可以通过建立风险管理信息平台，实现各业务部门风险管理数据的实时共享与交流，提高风险管理工作的效率。

2. 分析风险管理与业务成果的关系

国企可以通过对比各业务部门的风险管理状况和业务成果，分析风险管理措施对业务绩效的影响。具体来说，国企可以采用相关性分析、回归分析等统计方法，探究风险管理与业务绩效之间的关联性，从而为优化风险管理措施提供依据。在实际操作中，国企需要建立风险管理与业务绩效的数据分析模型，以便更加科学地研究两者之间的关系。

3. 识别影响业务绩效的关键风险因素

在进行风险管理与业务绩效的关联分析时，国企需要关注影响业务绩效的关键风险因素。这些关键风险因素可能包括市场风险、信用风险、操作风险等。通过识别这些关键风险因素，国企可以更加有针对性地采取风险管理措施，以提高业务绩效。在实际操作中，国企可以运用专家访谈、德尔菲法等定性分析方法，结合历史数据、行业报告等定量分析手段，全面识别关键风险因素。

4. 分析风险管理措施的成本与效益

在关联分析过程中，国企需要关注风险管理措施的成本与效益。这意味着国企需要评估各种风险管理措施所带来的风险降低效果，以及实施这些措施所需投入的成本。通过成本效益分析，国企可以了解到哪些风险管理措施对业务绩效产生了积极影响，哪些风险管理措施可能需要进行调整或优化。在实际操作中，国企可以采用经济学的成本效益分析方法，如净现值法、内部收益率法等，来评估各种风险管理措施的成本与效益。

5.分析风险管理与国企创新的关系

风险管理与国企创新之间存在密切关系。在进行关联分析时，国企需要关注风险管理措施如何支持国企创新，以及如何平衡风险管理与国企创新之间的关系。这将有助于国企在实现业务绩效提升的同时，不断推动国企创新发展。在实际操作中，国企可以将风险管理纳入国企创新战略，以确保国企创新活动在风险可控的范围内进行。此外，国企还可以通过设立创新风险基金、建立创新风险预警机制等方式，为国企创新提供风险保障，进一步激发国企创新活力。

6.持续跟踪分析风险管理与业务绩效的关联

国企需要建立长期机制，持续跟踪分析风险管理与业务绩效的关联。这不仅有助于国企实时了解风险管理与业务绩效之间的变化趋势，还可以为国企在风险管理方面的持续改进提供重要支持。在实际操作中，国企可以设立专门的风险管理与业务绩效关联分析团队，负责定期进行关联分析与报告。同时，国企还需要建立完善的风险管理与业务绩效关联分析制度，明确分析的目的、内容、方法和要求，确保分析工作的科学性与实用性。

（三）风险管理评价结果与员工绩效挂钩

在现代企业管理中，员工绩效评价是衡量和激励员工工作表现的重要手段。然而，传统的员工绩效评价体系通常侧重于业务指标，如销售额、利润、工作效率等，而对于风险管理这一块，往往并未引起足够的重视。这就可能导致员工在追求业务目标的过程中，忽视了风险的防控，从而给企业带来潜在的风险。因此，将风险管理纳入员工的考核指标，可以引导员工在追求业绩的同时，也重视风险的防控，从而达到风险与收益的平衡。

国有企业作为国家的重要组成部分，肩负着维护国家利益、推动经济发展的重任。风险管理不仅仅是企业层面的工作，更应该深入员工的日常工作之中，真正做到人人皆风险管理者。因此，有必要将风险管理评价结果与员工绩效挂钩，以激励员工更加关注风险管理，并积极参与风险管理工作。

将风险管理与员工绩效挂钩的方式可以有很多种。其中最直接的方法是将风险识别、风险应对和风险控制等方面的表现作为评价员工绩效的重要指标之一。这样，员工就会更加关注这些方面的工作，因为他们知道这将直接影响到他们的绩效评价结果。

风险识别是风险管理的第一步，要求员工具备敏锐的风险意识，能够及时发现和识别出工作中可能出现的风险。在员工绩效评价中，可以设置风险识别的相关指标，例如，员工是否及时发现了工作中的风险点，是否能够对风险进行准确的评估等。

风险应对则是在风险发生后，如何采取有效的措施来减轻风险的影响。在员工绩效评价中，可以设置风险应对的相关指标，例如，员工是否能够迅速、妥当地应对突发的风险事件，是否能够制定出有效的风险应对策略等。

风险控制则是在风险识别和风险应对的基础上，通过各种措施来控制和降低风险的可能性和影响。在员工绩效评价中，可以设置风险控制的相关指标。例如，员工是否能够严格遵守企业的风险管理规定，是否能够定期进行风险检查，是否能够及时上报风险信息等。

还可以通过激励机制来鼓励员工积极参与风险管理工作。例如，可以设立风险管理奖，对在风险管理工作中表现突出的员工给予奖励。也可以设立风险管理培训，提高员工的风险管理能力，从而提高他们在风险管理工作中的绩效。

当然，将风险管理与员工绩效挂钩的同时，也需要注意一些问题：一是防止员工过分关注风险管理，而忽视了日常的业务工作。因此，在制定员工绩效评价体系时，需要做到风险管理与业务指标的适度结合，既要考核员工的风险管理能力，也要考核他们的业务成果。二是防止员工为了追求好的绩效评价结果，而做出过度保守的风险决策。因此，需要强调的是，风险管理的目标不是避免所有的风险，而是要做到风险与收益的平衡。

二、国企资源配置优化

国企集团作为国家经济的重要组织形式,其成员企业各具特色,业务领域广泛。风险管理评价结果是国企集团优化资源配置、提升风险管理能力和水平的重要依据。通过科学合理地应用风险管理评价结果,国企集团不仅可以更好地控制和降低风险,也可以更好地利用资源,推动业务的发展。在这样的情况下,对于国企集团来说,如何根据风险管理评价结果对成员企业进行资源优化配置,以及如何根据这些结果来提升整个集团的风险管理能力和水平,就显得尤为重要。

国企应用风险管理评价结果进行资源配置优化主要体现在以下三个方面:

(一)风险管理评价结果为国企提供风险画像

风险管理评价结果可以为国企集团提供一个清晰、全面的风险画像,有助于集团更好地理解各成员企业的风险状况。其中,既包括各企业的风险类型、风险等级,也包括风险识别、风险应对和风险控制等方面的工作表现。通过这样的风险评价,集团可以更加准确地了解到哪些企业的风险管理工作做得好,哪些企业的风险管理工作存在问题,从而可以针对性地进行资源配置。

对于风险管理工作做得好的成员企业,国企集团可以考虑给予更多的资源支持,比如更多的资金、人力等资源,以便这些成员企业可以更好地发展业务,创造更大的价值。同时,这些成员企业的优秀风险管理实践也可以推广到其他成员企业中,作为风险管理的典范,帮助整个国企集团提升风险管理能力。

对于风险管理工作存在问题的成员企业,国企集团则需要进行针对性的干预。这可能包括对这些成员企业进行风险管理的指导和培训,提升他们的风险管理能力,也可能包括对这些成员企业进行资源的重新配置,比如减少对这些成员企业的资金投入,或者调整这些成员企业的业务策略,以降低他们的风险。

（二）风险管理评价结果支持国企业务决策

风险管理评价结果是国企集团进行业务决策的重要参考因素。在资源有限的情况下，国企集团需要确定哪些业务领域是应该优先投入的，哪些业务领域是应该适当放缓的。通过风险管理评价，国企集团可以更加清楚地了解到各成员企业的业务风险，从而可以更科学、更合理地进行业务决策。

风险管理评价结果为国企集团提供了全面而深入的风险信息。这包括各成员企业面临的各种风险类型，例如市场风险、运营风险、财务风险等，以及这些风险的可能性和潜在影响。这些信息可以帮助国企集团理解各成员企业的风险状况，以及各种风险可能对成员企业业务和财务状况的影响，从而更好地进行业务决策。

例如，如果某个成员企业的市场风险较高，那么国企集团可能会选择减少对该成员企业的资源投入，或者对其业务策略进行调整，以降低风险。反之，如果某个成员企业的风险管理工作做得较好，风险水平较低，那么国企集团可能会选择增加对该成员企业的资源投入，以支持其业务的发展。

此外，风险管理评价结果还可以帮助国企集团进行更长远的业务规划。通过对各成员企业的风险状况的分析，国企集团可以确定哪些业务领域有较大的发展潜力，哪些业务领域可能存在较大的风险。这可以帮助国企集团制定更科学、更合理的业务发展策略，以实现国企集团的长期目标。

（三）风险管理评价结果支持国企长期战略规划

在制定国企集团的长期战略时，除了需要考虑各成员企业的业务优势和市场机会，还需要深入了解并考虑各成员企业的风险状况。风险管理评价结果对于国企集团的长期战略规划具有重要的参考价值。通过风险管理评价结果，国企集团可以了解到哪些成员企业的风险可能会对国企集团的长期战略产生影响，从而可以在规划中加以考虑和规避。

风险管理评价结果可以帮助国企集团发现潜在的风险和机遇。在风险管理评价过程中，可能会发现一些尚未显现出来，但潜在存在的风险，这些风险可能对国企集团的长期战略规划产生重大影响。同时，也可能发现一些由于风险管理得当，而带来的潜在机遇。通过对这些风险和机遇的发现和分析，国企集团可以在制定长期战略时，更好地权衡风险和回报，制定出既具备较高发展潜力，又能有效控制风险的战略方案。

风险管理评价结果对于提升国企集团对风险的敏感度，提高风险应对能力也具有重要作用。对风险的了解和识别是风险管理的第一步，也是最关键的一步。通过风险管理评价，国企集团可以更好地了解自身在风险识别、评估、应对等方面的能力和不足，从而找出改进的方向，提升风险管理能力。对于风险的预警和应对能力的提升，对于国企集团的长期发展，尤其是在遇到突发事件时，具有极其重要的意义。

风险管理评价结果还可以帮助国企集团更好地实现内部控制。通过对各成员企业的风险管理评价，国企集团可以了解到内部控制的有效性，从而可以对内部控制进行改进。有效的内部控制可以降低成员企业运营的风险，提高成员企业的运营效率，从而帮助成员企业更好地实现长期战略目标。

三、国企风险管理工作的改进

风险管理评价结果不仅可以用于优化资源配置、业务决策和长期战略规划，还可以用于风险管理工作的改进。通过风险管理评价结果，国企集团可以了解到风险管理工作的效果和存在的问题，从而提出针对性的改进建议，制定出科学合理的整改方案和评价体系改进方案，不断提升国企集团的风险管理水平，为实现国企集团的长期战略目标提供强有力的保障。

第五章　事后应对：国企经营管理风险应急与整改

（一）风险管理评价结果提供依据

风险管理评价结果可以为风险管理工作提供反馈信号。在风险管理过程中，评价是一个关键环节，能够反映出风险管理的效果，指出存在的问题和不足，为改进工作提供方向。风险管理评价结果就是这样的反馈信号，告诉国企哪些风险管理措施有效，哪些无效，哪些风险被充分识别，哪些被忽视，哪些风险评估的方法适用，哪些需要改进，等等。这些信息对于风险管理工作的改进具有极高的价值。

风险管理评价结果能揭示出各成员企业对风险管理的认识和态度。风险管理的实施不仅需要合理的制度和流程，更需要员工的积极参与和支持。如果员工对风险管理认识不足，或者对风险管理的态度消极，那么风险管理的实施效果可能会大打折扣。通过风险管理评价结果，国企可以了解到各成员企业员工对风险管理的认识和态度，从而在风险管理工作改进中，加强对风险意识的培养和对风险管理的宣传。

风险管理评价结果还可以反映出各成员企业的风险管理能力。风险管理能力是指成员企业在风险识别、评估、控制等方面的技能和经验。强大的风险管理能力可以使成员企业更好地应对各种风险，避免或减少风险造成的损失。如果发现某些成员企业的风险管理能力较弱，那么在风险管理工作的改进中，就需要加强对这些成员企业的风险管理培训，提升其风险管理能力。

总之，风险管理工作的改进是一个复杂的过程，需要多方面的考虑和多角度的分析。风险管理评价结果提供了丰富的信息和数据，是这个过程中不可或缺的输入。只有充分利用风险管理评价结果，才能使风险管理工作改进并适应复杂多变的经营环境。例如，如果某成员企业的风险识别过程中，发现存在新的业务风险，那么这些新的风险类型应及时反映到风险管理评价体系中，以便对其进行有效管理。

（二）风险管理评价结果支持国企风险管理工作的改进

国企风险管理部主要负责梳理、分析和解读风险管理评价结果，发现风险管理工作中的问题和不足，制定整改建议和方案，向国企集团风险管理委员会、董事会和国企集团管理层报告，同时也需要监督和推动整改工作的实施，确保风险管理工作的持续改进和提升。

对于发现的问题和不足，国企风险管理部需要有决策力和执行力，能够针对性地制定整改建议和方案，能够按照方案推动整改工作的实施，能够按照计划和标准对整改效果进行评价，能够根据评价结果调整和优化整改方案。同时，风险管理部也需要有创新意识和前瞻性，能够根据内外部环境的变化，对风险管理评价体系进行适时的更新和完善，保持其有效性和适应性。

在提出整改建议和方案的过程中，国企风险管理部需要注意以下几点：

首先，整改建议和方案需要具有针对性和可行性，即针对具体问题提出具体解决方案，解决方案需要考虑到国企集团的实际情况和能力，确保可以实际执行。

其次，整改建议和方案需要有明确的目标和标准，即明确整改的预期结果，设置可量化或可观察的标准，以便于评价整改效果。

再次，整改建议和方案需要有完整的实施计划，即明确整改的步骤、时间表、责任人等，以便于推动和监督整改工作的实施。

最后，整改建议和方案需要考虑到可能的风险和挑战，预先制定应对策略和计划，以确保整改工作的顺利进行。

有了这些整改建议和方案，风险管理部就可以向国企集团风险管理委员会、董事会和国企集团管理层进行汇报。在这个过程中，风险管理部需要做到清晰、准确、完整的传达信息，包括问题的性质和严重性、整改建议和方案的内容和理由、整改的预期效果和可能的风险等。风险管理部需要有说服力，能够让各方理解和接受整改建议和方案，能够获得各方的支持和配合。

在整改工作的实施过程中，风险管理部需要扮演好推动者和监督者的角色。作为推动者，风险管理部需要协调和动员各方资源，确保整改工作的顺利进行；作为监督者，风险管理部需要定期检查和评估整改工作的进展和效果，对于偏离计划或达不到标准的情况，需要及时发现并采取措施进行调整。

对于风险管理评价体系的完善，风险管理部也需要发挥关键的作用。风险管理评价体系是国企集团风险管理工作的核心工具，其有效性和适应性对于风险管理工作的效果有着直接的影响。因此，风险管理部需要持续关注风险管理评价体系的运行情况，包括其是否能够有效识别和评估风险，是否能够提供有用的信息和指导，是否能够适应内外部环境的变化等。

在更新和完善风险管理评价体系的过程中，风险管理部需要根据风险管理评价结果，找出评价体系的不足和改进点，比如哪些风险未被充分识别，哪些风险评估的方法需要优化，哪些风险控制的措施需要调整等。同时，风险管理部也需要关注新的风险管理理念、方法和工具，将它们引入评价体系中，以提升评价体系的效果和效率。

此外，风险管理部还需要向国企集团风险管理委员会、董事会和国企集团管理层报告评价体系的改进情况，并获取他们的支持和批风险管理评价体系改进的目标应具有清晰性和可衡量性。例如，如果评价体系改进的目标是提高风险识别的准确性，那么需要设定一个衡量准确性的标准或指标，如减少误报率或漏报率等。在改进过程中，风险管理部应定期进行跟踪和评估，确保改进工作按计划进行，并达到预期的效果。

第六章 国企经营管理风险防控保障体系优化

第六章　国企经营管理风险防控保障体系优化

在经济活动中，风险是无法避免的，然而，通过科学的管理和有效的防控，可以将其对企业的影响降到最低。作为经济社会发展的重要组成部分，国有企业在应对风险挑战方面，有着自身独特的需求和责任。但企业活动往往是牵一发而动全身，所以除了专门开展风险管理工作，其他方面的保障工作也不能缺少。这需要国企从组织、人才、监管等多个方面进行系统性的思考和实践。优化国企经营管理决策体系，以实现组织的保障；建设国企风险管理人才队伍，以实现人才的保障；健全国企内部审计与外部监管体系，以实现监管的保障。最终实现国企风险防控体系的科学化、制度化和规范化。

第一节　组织保障：优化国企经营管理决策体系

在国企经营管理风险防控工作中，外部的风险很难避免，但内部的风险可以在一定程度上做到规避。决策失误会带来巨大的内部风险，而有效的决策结构可以最大限度地降低这种风险。这就需要优化国企经营管理决策体系，为国企经营管理风险防控提供组织保障，避免决策失误带来的内部风险。在这个过程中，需要考虑的因素包括决策者的角色和责任、决策流程、决策工具、决策信息的质量和决策环境等。

一、决策者的角色和责任优化

在大型国企中，决策过程是复杂且重要的，影响着企业的整体运营和未来发展。决策者的角色和责任在这个过程中起到了关键的作用，决策者如何运用自己的权力、如何做出正确决策，直接关系到国企的经营管理风险防控成效。因此，优化国企经营管理决策者的角色和责任，明确其在决策过程中的定位，就显得尤为重要。

决策者包括董事会、CEO、其他高级管理人员以及各部门负责人等，他们各自在决策过程中扮演着不同的角色。董事会是公司的最高决策机构，承担着制定公司发展战略、决定重大事项的责任；CEO则是企业的执行者，需要将董事会的决策落实到实际的经营管理中去；其他高级管理人员和各部门负责人，是决策的执行和推动者，他们需要在自己的职责范围内，执行高层的决策，推动企业的运营。

如果决策者的角色和责任不明确，决策权和执行权的划分不清，会导致决策过程中的混乱。为了避免这个情况，国企需要通过公司章程、岗位职责等制度，明确决策者的角色和责任，使其在决策过程中有明确的定位，知道自己应该做什么、不应该做什么。

一方面，公司章程应明确规定董事会、CEO和其他高级管理人员的决策权力和责任。例如，董事会有权决定公司的发展战略，CEO负责执行这些战略，其他高级管理人员负责在自己的职责范围内推动战略的执行。同时，公司章程还应规定，当决策出现问题时，应如何追究决策者的责任，这样可以使决策者明白，他们的决策不仅关系到公司的利益，也关系到自己的权益。

另一方面，岗位职责应明确规定各部门负责人在决策过程中的角色和责任。例如，例如，财务部门负责人需要在决策过程中提供准确的财务数据和分析，以支持决策的制定；销售部门负责人则需要提供市场和客户反馈，以帮助公司制定更符合市场需求的策略。这样的划分，使得各部门负责人在决策过程中有明确的职责和定位，也能够更好地服务于整体的决策制定和执行。

二、决策流程优化

优化国企经营管理决策流程，涉及一系列的环节，包括决策的提出、讨论、决定和执行等，而每个环节的优化，共同为国企经营管理风险防控提供组织保障。

在决策的提出环节，关键在于充分收集和分析信息，明确决策的必要性和目标。为了做到这一点，国企可以设立专门的信息收集和分析部门，负责定期或者不定期收集内外部环境的信息，包括市场动态、政策法规、技术进步、公司内部状况等，并进行分析，为决策提供依据。同时，国企也应该鼓励员工积极提出决策建议，利用员工的专业知识和一线经验，丰富决策的内容和视角。

在决策的讨论环节，关键在于充分交流和讨论，尽可能考虑和预测决策的各种可能影响。国企可以设立决策讨论会，邀请相关的管理人员、专家和员工参加，让他们从各自的角度对决策进行评价和预测，提出自己的意见和建议。并建立一种开放和公正的讨论氛围，鼓励各方畅所欲言，尊重和接纳不同的意见。

在决策的决定环节，这个环节的关键在于权衡利弊，做出最有利的决策。国企可以设立决策委员会，由公司的高级管理人员组成，负责对决策进行综合评价，权衡各种影响，最终做出决策。国企也要明确决策的责任人，确保决策的执行和结果能够得到追踪和评价。

在决策的执行环节，有效的组织和管理是关键，确保决策的实施。国企可以设立执行团队，负责制定详细的执行计划，组织和协调各部门和员工，确保决策的顺利执行。同时，国企也应该建立一种积极的执行氛围，鼓励员工积极参与决策的执行，对执行过程中出现的问题能够及时反馈和解决。

在整个决策流程的优化中，公开透明原则是贯穿始终的。无论是决策的提出、讨论、决定还是执行，都应该让全体员工和公众了解其进程和结果，接受他们的监督。公开透明不仅可以增强决策的合理性和接受度，也可以防止内部的权力滥用和利益输送，从而降低国企的内部风险。

决策流程的公开透明也有利于国企建立良好的国企文化和形象。当国企的决策过程公开透明时，员工会感到自己的权利得到了尊重，他们的意见和建议得到了重视，这有利于增强他们的归属感和满意度，提升他们的工作积极性和效率。同时，公众也会看到国企的公正和责任，对国企产生更多的信任和好感，这有利于提升国企的社会声誉，吸引更多的客户和投资者。

三、决策工具优化

在全球化和数字化的背景下，信息变得越来越重要，决策工具的现代化和科学化成为国企经营管理风险防控的重要支持。现代化的决策工具，如数据分析、模型预测和人工智能等，它们的应用为国企提供了一个全新的视角和工具，有助于提升决策的科学性和准确性，优化决策过程，从而进一步降低和控制经营风险。

首先，数据分析是现代决策工具中的重要一项。随着大数据技术的发展，国企可以收集并处理大量的数据，包括内部的业务数据，外部的市场数据，甚至社会舆情数据等。这些数据经过深度挖掘和分析后，可以为国企的决策提供有力的支持。例如，通过分析历史销售数据，国企可以找出销售的季节性规律，预测未来的销售趋势；通过分析社会舆情数据，国企可以了解消费者的需求和期望，及时调整产品和服务。

然而，数据分析并非易事。需要一定的技术支持，如数据挖掘技术，机器学习技术等；也需要一定的管理支持，如数据治理，数据质量管理等。因此，国企在使用数据分析进行决策时，需要建立一套完善的数据分析体系，包括数据的收集、处理、分析和使用等环节，以确保数据分析的有效性和准确性。

其次，模型预测是指通过建立数学模型，模拟和预测未来的情况，为国企的决策提供依据。例如，国企可以通过财务模型预测未来的财务状况，通过市场模型预测未来的市场趋势，等等。

模型预测的准确性和有效性，很大程度上取决于模型的科学性和实用性。因此，国企在使用模型预测进行决策时，需要选择和使用科学合理的模型，避免模型的过度复杂和过度简化。同时，国企还需要定期对模型进行验证和更新，以应对环境的变化。

最后，人工智能已经成为现代决策工具的新趋势。人工智能能够通过学习和模拟人的决策过程，提供更科学和个性化的决策建议。随着深度学习等技术的发展，人工智能已经在许多领域显示出了强大的能力，如图像识别、自然语言处理、复杂系统模拟等。在国企决策中，人工智能可以通过学习历史数据，预测未来的市场需求，为国企的产品开发和市场策略提供参考。同时，人工智能还可以通过模拟人的决策过程，帮助国企找出决策中的盲点和偏差，提高决策的全面性和公正性。

但是，现代化的决策工具并不是万能的。他们的效果在很大程度上取决于数据的质量和完整性，以及模型的科学性和实用性。同样的，人工智能的决策也依赖于算法和数据，如果算法有误或者数据有偏，那么人工智能的决策也可能出错。因此，国企在使用这些工具时，需要注意保证数据的质量和完整性，避免数据的偏差和误导。同时，也需要注意选择和使用科学合理的模型，避免模型的过度复杂和过度简化，以确保决策的科学性和准确性。

对于国企来说，决策工具的优化不仅要考虑工具本身的现代化和科学化，还需要考虑工具的使用环境和使用者。国企应该建立一套完善的决策工具使用体系，包括工具的选择、使用、评价和更新等环节。同时，国企还应该培训和引导各层决策者正确使用决策工具，提高员工的数据素养和决策能力。

四、决策信息的质量优化

在决策过程中，信息质量的重要性不言而喻。信息质量决定了决策者对问题的理解程度和决策的准确性。在国企经营管理决策中，应确保获取到的信息是准确、及时、全面的。这需要国企建立和优化一套有效的信息收集、处理、更新和验证机制，避免信息误导和信息滞后等问题，为国企经营管理风险防控提供组织保障。

全面的信息收集是决策信息质量的基础。这需要国企从多个角度和多个层面对信息进行收集。这包括对市场环境的深入了解，对内部运营情况的全面把握，对未来发展趋势的准确预测等。具体来说，国企可以通过市场调研、竞争对手分析、客户访谈、员工反馈等多种方式进行信息收集。同时，国企还需要建立一套科学的信息分类系统，以便将收集到的信息进行有效的分类和整理，为后续的信息处理和分析提供便利。

有效的信息处理是决策信息质量的关键。这涉及信息的整理、分析、解读和传递等环节。在这个过程中，国企需要运用科学的方法和技术，如数据挖掘、统计分析、预测模型等，以提炼出对决策有用的信息和知识。同时，国企还需要建立有效的信息传递机制，确保决策信息能够及时、准确地传递给决策者，避免信息的误解和错传。

及时的信息更新是决策信息质量的保障。由于市场环境和公司状况都是在不断变化的，因此，国企需要定期对决策信息进行更新，以保证决策的及时性和针对性。具体来说，国企可以设定一套信息更新制度，规定信息的更新频率、更新内容和更新责任人等，以确保信息的及时更新。

准确的信息验证是决策信息质量的保证。信息的准确性直接影响到决策的正确性。为此，国企需要对收集和处理后的信息进行严格的验证，以排除可能的错误和偏差。这可以通过对原始数据的复核、对信息来源的考察、对信息内容的逻辑检验等方式进行。

五、决策环境优化

决策环境在决策过程中起着至关重要的作用。物理环境、社会环境和心理环境的适宜性，都会影响到决策者的思考和判断，从而影响决策的质量。在国企的经营管理决策中,应该尽可能优化决策环境,创造一个公正公平、开放包容、压力适宜的环境,以促进高质量决策的产生。这需要国企对决策环境有深入的理解和科学的管理。国企需要根据自身的实际情况,制定和执行一套适合自己的决策环境优化策略。

(一) 物理环境优化

物理环境包括决策者所在的实际环境,如办公室的布局、装饰、照明、噪声等。这些因素虽然看似微不足道,但其实对决策者的思维状态和工作效率有着重要影响。比如,一个明亮、安静、整洁的办公室,可以让决策者保持清醒的头脑,提高工作效率。反之,一个昏暗、嘈杂、杂乱的办公室,可能会让决策者感到压力和困扰,影响其决策效果。因此,国企应该重视决策物理环境的优化,提供一个良好的物理环境,为决策者创造出一个舒适的工作状态。

为了优化物理环境,国企首先要改善办公环境。比如,提供良好的办公设备,保持室内的清洁和整齐,控制噪声和光线等。这些举措可以提供一个舒适的工作环境,让决策者能够全身心地投入决策工作中。其次,国企要提供健康的生活环境。比如,设置健身房和休息室,提供健康的餐饮和住宿等。这些举措可以保证决策者的身心健康,提高其工作效率和质量。

(二) 社会环境优化

社会环境包括决策者所处的社会关系、社会氛围、社会文化等。这些因素会影响到决策者的价值观、人际关系和行为规范,从而影响其决策行为。一个公正公平、开放包容的社会环境,可以鼓励决策者自由地表达和交流观点,促进多元思维和创新决策。反之,一个封闭保守、歧视排斥的社会环境,可能会限制决策者的思维和行为,导致单一决策和错误决策。因此,国企应该致力于建设和优化社会环境,营造一个良好的社会氛围,为决策者提供一个公平公正的竞争平台。

在优化社会环境方面,国企可以建立公平公正的评价机制。比如，设立透明的晋升制度，实行公开的薪酬政策，推行公正的考核标准等。这些举措可以确保每个决策者都有平等的机会，提高其工作积极性和创新能力。同时，国企还要营造开放包容的企业文化。比如，鼓励多元思维，尊重个人差异，接纳新鲜观点等。这些举措可以激发决策者的创新精神，提高决策的多元性和创新性。

（三）心理环境优化

心理环境包括决策者的心理状态、心理压力、心理需求等。这些因素会影响到决策者的情绪、注意力和认知能力，从而影响其决策效果。一个放松愉快、自信满满的心理环境，可以激发决策者的创新思维，促进优秀决策的产生。反之，一个紧张压抑、恐惧不安的心理环境，可能会限制决策者的思维活动，导致短视决策和错误决策。

国企应该关注和优化心理环境，提供各种心理支持，如心理咨询、压力管理、职业规划等，帮助决策者建立良好的心理状态，提高决策效率和质量。具体可以设立心理咨询热线，开展心理健康讲座，提供个性化的职业规划等。这些举措可以帮助决策者调整和优化心理状态，提高其决策能力和效果。

另外，建立适宜的工作压力也是关键举措。比如，合理安排工作任务，制定合理的工作目标，避免过度的工作压力等。这些措施能够保证决策者处在一个能够产生最优决策的心理状态。

第二节 人才保障：建设国企风险管理人才队伍

面对复杂多变的市场环境，国企经营管理风险防控的重要性日益凸显。因此，建设一支高质量的风险管理人才队伍就显得尤为重要。这支队伍不仅是企业风险防控工作的执行者，也是企业风险管理体系的建设者和维护者。因此，他们的专业素养、工作态度和行为规范，直接影响到企业风险管理工作的效果。这不仅要求企业培养风险管理人才，还要引进优秀的风险管理人才，并在企业内部营造良好的风险管理氛围。

一、明确风险管理人才的职责和工作能力要求

在国有企业中,风险管理人才的角色和责任主要可以从以下几个方面来进行明确和划分。

1. 风险识别和评估能力

风险识别和评估是风险管理的基础工作,也是风险管理人才的重要职责。他们需要具有良好的业务理解能力和敏锐的市场洞察力,能够准确及时地识别出企业经营中可能面临的各种风险,并对这些风险进行系统的评估,包括风险的可能性、严重性和紧迫性等。风险评估的结果将为企业制定风险管理策略提供关键的决策依据。

2. 策略规划和执行能力

风险管理人才需要具备良好的策略规划和执行能力,能够根据风险评估的结果,制定出合理有效的风险管理策略,并组织实施这些策略。风险管理策略应包括风险的预防、控制和转移等方面,旨在降低风险的可能性和影响,提高企业的风险承受能力。

3. 协调和沟通能力

风险管理人才需要具备良好的协调和沟通能力,能够协调企业内外的各种资源,推动风险管理工作的实施。同时,他们还需要与企业的其他部门和员工进行有效的沟通,增强全体员工的风险意识和风险管理能力,形成企业的风险管理文化。

4. 风险管理人才

风险管理人才需要具备良好的应急处理和恢复能力,能够在风险事件发生时,迅速启动应急预案,组织实施应对措施,尽快恢复企业的正常运行。这需要他们具有高度的责任感和危机意识,以及丰富的实践经验和专业知识。

5. 情绪和压力管理能力

风险管理人才需要具有良好的情绪和压力管理能力。风险管理工作通常面临较大的压力和挑战,如风险的不确定性、复杂性和紧迫性

等。风险管理人才需要能够有效地管理自己的情绪和压力,保持冷静和专注,以便于在压力下,依然能够做出正确和有效的决策。

二、建立完善的风险管理人才培养体系

(一)建立完善风险管理人才培养体系的原则

在建立完善风险管理人才培养体系的过程中,国企应该遵循以下几个重要原则,如图6-1所示。

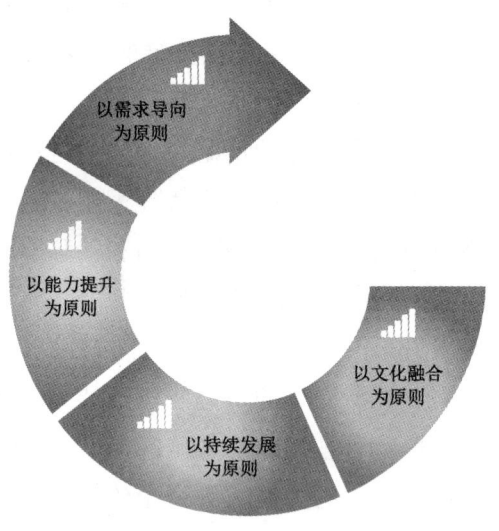

图6-1 建立完善风险管理人才培养体系的原则

1. 以需求导向为原则

风险管理人才培养应以企业的风险管理需求为导向,根据风险管理工作的内容和任务,确定风险管理人才的知识结构和能力要求,设计符合实际需要的培养方案。同时,也需要考虑到风险管理人才的个人发展需求,通过提供多元化的职业发展路径和丰富的学习资源,激发他们的学习动力和创新精神。

2. 以能力提升为原则

风险管理人才培养的核心目标是提升他们的专业能力和工作效

率。因此，培养方式应注重实效性和实践性，除了理论教育，更应强调实践操作、案例分析、模拟演练等能力培养方式。同时，也应注重提升他们的思维能力和创新能力，培养他们的风险思维、系统思维、创新思维等。

3. 以持续发展为原则

风险管理人才的培养是一个长期和持续的过程，需要通过不断的学习和实践，使他们能够适应风险管理工作的变化和发展。因此，企业应定期对风险管理人才进行能力评估和需求分析，及时调整和更新培养方案，确保其与实际工作需求和个人发展需求相适应。同时，也应提供持续的学习支持，如定期的培训、学习交流、知识更新等。

4. 以文化融合为原则

风险管理人才培养不仅要培养他们的知识和能力，更要培养他们的价值观和文化认同。企业应通过营造良好的企业文化，弘扬风险管理的价值理念，培养他们的风险管理意识和职业精神。同时，也应通过各种形式的活动，如分享会、研讨会、座谈会等，增强他们的团队精神和协作精神，形成共同的风险管理理念和行动准则。

（二）建立完善风险管理人才培养体系的路径

1. 设定明确的职业发展路径

在国企中，设定明确的职业发展路径是对风险管理人才培养的重要保障。一个清晰、有吸引力的职业发展路径能够激发人才的工作积极性和进取心。

国企需要根据风险管理工作的特性和需求，设立不同级别和类型的风险管理职位，如风险识别分析师、风险控制师、风险决策顾问等。这样可以满足风险管理工作的多元化需求，同时也为风险管理人才提供了丰富的职业选择。

国企应为每个风险管理职位设定明确的晋升路径。晋升路径应包括对应职位的能力要求、工作经验要求、业绩要求等，以便风险管理人才清楚了解如何提升自己，达到下一级职位的要求。

国企还需要设定一个公平、公正、透明的评价和晋升机制，以确保风险管理人才的职业发展公正合理。这需要企业在评价和晋升过程中，既考虑员工的业绩表现，也考虑他们的能力提升和潜力发展。

2. 加大专业培训和教育力度

风险管理是一门高度专业的工作，需要掌握丰富的理论知识和实践技能。因此，国企应加大对风险管理人才的专业培训和教育力度。

一方面，企业需要建立一套系统的风险管理培训体系，包括基础培训、进阶培训和高级培训等多个层次。基础培训主要是为新入职的风险管理人才提供必要的风险管理知识和技能；进阶培训主要是为中级风险管理人才提供深化的专业知识和技能；高级培训主要是为高级风险管理人才提供最新的理论发展和实践方法。

另一方面，企业应采用多元化的培训方式，以满足不同人才的学习需求。这包括传统的课堂培训、在线学习、实践操作、案例分析、模拟演练等方式。这些方法将理论知识与实践操作相结合，使得风险管理人才能在实际操作中更好地理解和掌握风险管理的知识和技能。此外，企业还可以定期组织风险管理人才参加国内外的学术研讨会和专业培训，以了解最新的风险管理理念和方法，提高他们的专业竞争力。

3. 强化思想教育和职业道德培训

对于风险管理人才，除了专业知识和技能，正确的工作态度和高尚的职业道德同样重要。因此，国企需要强化对风险管理人才的思想教育和职业道德培训。

国企需要通过各种方式，让风险管理人才明白风险管理工作的重要性和责任性，激发他们的工作热情和责任心。这包括通过举办讲座、研讨会等活动，让他们了解到风险管理在企业发展中的重要作用；通过定期的业务交流和分享，让他们了解到风险管理在实际操作中的应用和效果。

另外，国企需要通过职业道德培训，培养风险管理人才的职业道德素养。这包括对风险管理的职业道德准则进行深入解读，让他们了解在工作中应遵循的行为规范；通过案例分析，让他们了解在面对职业道德困境时应如何做出正确的决策。

4.合作推动风险管理人才的培养和发展

在风险管理人才的培养和发展过程中，国企不能孤军奋战，需要与高等院校、科研机构、行业协会等外部组织紧密合作，共同推动风险管理人才的培养和发展。

国企可以与高等院校联合开展风险管理教育和培训项目，为风险管理专业的学生提供实习和实践的机会，培养他们的风险管理意识和能力。这不仅能为企业输送新鲜的风险管理人才，也能提高风险管理专业的教学质量和实践性。

国企还可以与科研机构合作开展风险管理研究项目，推动风险管理理论的创新和实践的改进。企业可以提供实际的风险管理问题和案例，科研机构可以提供理论支持和研究资源，双方可以共同探索和解决风险管理的新问题、新挑战。这种合作不仅可以提高风险管理的科学性和有效性，也可以提升企业的研发能力和创新水平。

此外，国企应积极参与行业协会的活动，分享和学习行业的风险管理经验，提高企业风险管理的行业影响力。参加行业协会的活动，不仅可以了解行业的最新动态和发展趋势，还可以与其他企业进行经验分享和学习，提升自身的风险管理水平。同时，积极地参与和贡献，也可以提高企业在行业中的影响力和声誉。

三、引进优秀的风险管理人才

在全球化、数字化、知识化的今天，风险管理的复杂性和重要性日益增强，国有企业需要拥有高素质的风险管理人才队伍，才能有效应对各种风险挑战。而引进优秀的风险管理人才，是快速提升国有企业风险管理能力的有效方法。具体的引进路径包括以下三个方面，如图6-2所示。

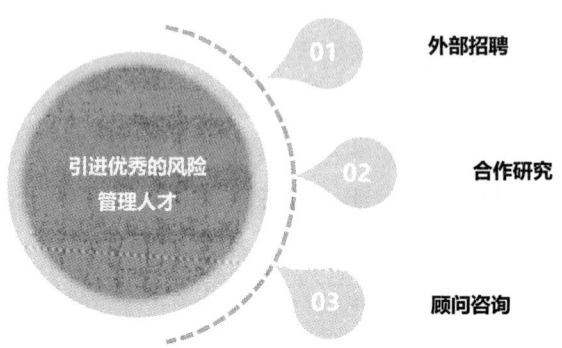

图6-2 国企引进优秀的风险管理人才路径

（一）外部招聘

在高度全球化和信息化的今天，外部招聘已经成为企业获取人才的主要方式之一。国有企业通过外部招聘，国有企业可以通过外部招聘的方式，引进具有丰富经验和专业技能的风险管理人才，以补充和提升企业的风险管理能力。

在招聘过程中，国企需要根据风险管理的工作特性和要求，明确风险管理人才的职责和工作要求，制定合理的招聘标准和程序。例如，国企可以要求应聘者具有风险管理或相关领域的学历背景、专业资格证书、一定年限的工作经验，以及良好的沟通协调能力和判断决策能力。同时，国企也需要提供具有竞争力的薪酬待遇、良好的工作环境、明确的职业发展路径，以吸引和留住优秀的风险管理人才。

此外，国企还需要利用各种招聘渠道和手段，扩大招聘范围，提高招聘效率。例如，国企可以通过校园招聘、社会招聘、网络招聘等方式，接触和吸引不同来源和层次的风险管理人才。国企还可以通过合作招聘、猎头招聘等方式，寻找和引进具有特定能力和经验的风险管理人才。通过这些方式，国企可以在较短的时间内，获取到符合需求的风险管理人才，以应对日益复杂和严峻的风险挑战。

（二）合作研究

在知识经济的时代，学界的风险管理专家通常具有深厚的理论素养和研究能力，他们是推动风险管理理论创新和实践改进的重要力量。国有企业可以通过合作研究的方式，吸引和利用学界的风险管理专家，获取到最新的风险管理理论和方法，为企业提供科学的风险评估方法、有效的风险防控策略，以及前沿的风险管理理念，提升企业的风险管理水平。

在具体操作中，国企可以与高校、研究机构等进行深度合作，共同开展风险管理研究项目。例如，国企可以邀请学界专家担任项目顾问或合作研究员，参与项目的设计、实施、评估等环节，共同研究和解决国企面临的风险管理问题。这种方式既可以充分利用学界专家的知识和经验，也可以促进国企员工的学习和成长，提高国企的研究和创新能力。

此外，国企还可以定期组织风险管理学术研讨会，邀请学界专家做专题报告，分享最新的研究成果和观点。通过这种方式，国企员工可以直接听到和学习到学界专家的知识和见解，提升自己的风险管理知识和能力。同时，这种活动也可以提高国企的学术影响力，增强国企的品牌形象和声誉。

（三）顾问咨询

业界的风险管理专家通常具有丰富的实践经验和广泛的行业视野，他们可以为企业提供实用的风险管理建议、专业的风险管理培训，以及定制化的风险管理解决方案，是企业解决实际问题，提升风险管理效果的重要资源。国有企业通过顾问咨询方式，可以充分利用业界专家的优势，为企业的风险管理提供专业的支持和帮助。

在具体操作中，国企可以聘请业界专家担任风险管理顾问，参与国企的风险管理决策，提供针对性的咨询服务。例如，顾问可以根据国企的实际情况，提供风险识别、评估、防控等方面的专业建议，帮助国企更好地管理风险。

此外，国企还可以邀请业界专家开展风险管理培训，提升员工的风险管理技能和意识。例如，顾问可以根据员工的知识背景和工作需要，设计和实施具有针对性的培训课程，帮助员工掌握风险管理的基本理论和实用技能。通过这些方式，国企可以提高风险管理的专业性和有效性，促进国企的稳定和发展。

四、建立有效的风险管理人才激励机制

在当今复杂多变的商业环境中，风险管理成为企业成功的关键因素之一。对于国有企业来说，如何有效激励风险管理人才，从而提高风险管理的效率和效果，是一个重要的课题。通过设定合理的薪酬和奖励制度，提供丰富的职业发展机会，建立公平的评价和晋升制度，以及建立和完善风险管理人才的管理制度，国有企业可以吸引和留住优秀的风险管理人才，激发他们的工作积极性，提高他们的工作效率，从而提升企业的风险管理能力，实现企业的稳定和发展。

（一）设定合理的薪酬和奖励制度

薪酬是最直接、最有效的激励手段之一。一个合理的薪酬制度，不仅可以吸引优秀的风险管理人才，还可以激励他们积极工作，提高工作效率。为了形成一个具有吸引力和持久性的薪酬和奖励制度，企业需要将其与风险管理人才的工作表现和贡献紧密地结合起来。

具体来说，企业可以设置具有挑战性和可达性的业绩目标，将风险管理人才的绩效奖金与业绩目标的达成程度挂钩。还可以设定长期激励，如股票期权、激励期权等，将风险管理人才的利益与企业的长期发展利益紧密地结合起来，激励他们从长远的角度考虑和管理企业风险。

同时，企业也需要设定与风险管理相关的奖励制度，如优秀风险管理项目奖、风险管理创新奖等，以表彰和奖励在风险管理工作中做出突出贡献的人才，激励他们持续提升风险管理能力和业绩。

（二）提供丰富的职业发展机会

职业发展机会是保持风险管理人才忠诚度和满意度的重要因素。企业应制定清晰的职业发展路径，提供多元化的职业发展机会，以满足风险管理人才的职业成长需求。

具体来说，企业可以设定不同的职位等级和晋升通道，以体现风险管理人才的职业成就。比如，企业可以设定从初级风险管理师到资深风险管理师，再到风险管理部门经理、总监等多个职位等级，以展现风险管理人才的职业晋升空间。

同时，企业还需要提供内部或外部的培训机会，以提升风险管理人才的专业技能和综合素质。这些培训可以包括风险管理理论知识、实际案例分析、专业技能训练等内容，也可以包括团队协作、沟通技巧、领导力等软技能的培训。

此外，企业还可以鼓励风险管理人才参与决策和创新，以提升他们的工作积极性和满意度。比如，企业可以在决策过程中广泛征求风险管理人才的意见和建议，让他们参与重要的风险决策，体验到工作的价值和意义。

（三）建立公平的评价和晋升制度

公平的评价和晋升制度是保持风险管理人才队伍稳定性和连续性的关键，可以激发风险管理人才的工作积极性，提高他们的工作满意度，从而保持企业风险管理人才队伍的稳定性和连续性。

在评价风险管理人才的工作表现时，企业需要采用全面、公正、公开的原则，避免偏见和歧视，公平对待每一个风险管理人才。

具体来说，企业可以设定多元化的评价指标，包括定量的业绩指标和定性的能力指标，以全面评价风险管理人才的工作表现。例如，企业可以根据风险管理人才的风险识别、评估、控制和处置等工作成果，以及他们的团队协作、沟通协调、创新思维等工作能力，来评价他们的工作表现。

同时，企业还需要建立透明的晋升机制，确保每个风险管理人才都有公平的晋升机会。在此过程中，企业可以设置严格的晋升标准和程序，鼓励风险管理人才通过自我提升和竞争，实现职业晋升。比如，企业可以设定晋升所需的业绩目标、能力要求、工作年限等标准，以及晋升的申请、评审、决定等程序，明确风险管理人才的晋升路径和方法。

（四）建立和完善风险管理人才的管理制度

为了规范风险管理人才的工作行为，提高他们的工作效率，企业需要建立和完善风险管理人才的管理制度。风险管理工作规程可以规定风险管理的基本流程和要求，明确风险管理人才的工作内容和标准。这些工作规程可以包括风险识别、评估、控制和处置的步骤、方法和标准，以及风险管理人才的工作职责、权利和义务等内容。这些规程可以帮助风险管理人才明确工作目标和要求，规范工作流程和行为，提高工作效率和质量。职责分工可以明确风险管理人才的工作权限和责任，避免工作冲突和混乱。

具体来说，企业可以根据风险管理的需要，设定风险管理部门的组织结构和职务设置，明确每个职务的工作内容、权限和责任，确保风险管理工作的顺畅进行。同时，企业还需要设定风险管理人才的考核评价制度，以评价他们的工作表现，激励他们提高工作质量和效率。这些考核评价可以包括年度绩效考核、项目考核、360度反馈等多种方式，以全面、公正、公开的评价风险管理人才的工作表现。最后，企业还需要设定风险管理人才的奖惩机制，以根据他们的工作表现，给予相应的奖励或处罚。这些奖惩机制可以包括薪酬奖励、晋升机会、表彰奖章等奖励方式，以及警告、罚款、解聘等处罚方式，以激励风险管理人才积极工作，遵守企业规章制度。

第三节 监管保障：健全国企内部审计与外部监管体系

一、内部审计与外部监管相辅相成

国有企业的经营管理风险防控工作是一项复杂而重要的任务，它涉及企业的战略规划、运营决策、财务管理等多个领域，关系到企业的生存和发展。

在现代企业管理中，内部审计和外部监管是两个关键的风险管理工具，它们在确保企业稳定运营和持续发展中发挥着重要的作用。这两个工具并非孤立存在，而是相辅相成，相互影响，形成了一个统一的风险管理体系。通过实现内部审计和外部监管的相辅相成，国企可以更有效地发现、评估、控制和应对风险，从而提高其经营效率和社会信誉。

内部审计是国企内部的风险管理和控制工具。通过对国企的财务报表、内部控制、运营活动等进行深入的审计，可以发现和预防国企内部的风险，提升国企的风险管理能力。内部审计的重要性在于可以从内部获取第一手的、详细的、准确的信息，深入国企的各个角落，对国企的各项业务进行全面的了解和审计。同时，内部审计也可以为外部监管提供信息和依据，提高外部监管的效率和效果。

外部监管是对国企的外部风险环境和公共利益进行保护的手段。它通过对国企的法律合规性、社会责任、公共影响等进行监管，可以发现和预防国企外部的风险，提升国企的社会信誉。外部监管的重要性在于可以从外部获取第三方的、独立的、客观的信息，更全面、更公正、更公开的评价国企的经营情况，对国企的行为进行规范和约束。同时，外部监管也可以为内部审计提供警示和指导，提高内部审计的敏感性和预警能力。

为了实现内部审计和外部监管的相辅相成，国企需要做好两个方面的工作。

一方面，国企需要建立内外部信息的交流和反馈机制。这可以通过定期的内外部审计报告、经营情况公告、风险预警系统等方式实现。通过这些方式，国企的内部审计部门可以及时了解外部监管的要求和动态，提高其审计的敏感性和预警能力；同时，外部监管机构也可以了解国企的内部情况，提高其监管的针对性和有效性。

另一方面，国企需要实现内部审计和外部监管的协调和整合。这需要国企的高层领导充分认识到内部审计和外部监管的重要性，将它们作为企业风险管理的两个重要组成部分，同时发挥它们的作用，实现它们的相辅相成。这也需要国企在组织结构、工作职责、决策流程等方面，为内部审计和外部监管的协调和整合提供保障。

总的来说，通过实现内部审计和外部监管的相辅相成，国企可以更有效地发现、评估、控制和应对风险，从而提高其经营效率和社会信誉，确保其稳定运营和持续发展。

二、健全国企内部审计

健全国企内部审计体系是提升企业风险防控能力的重要手段，其目标是通过对企业财务报表、内部控制、运营活动等进行审查，发现和预防企业内部的风险，提高企业的风险管理能力。为了实现这一目标，企业需要从以下几个方面进行深入的工作。

第六章 国企经营管理风险防控保障体系优化

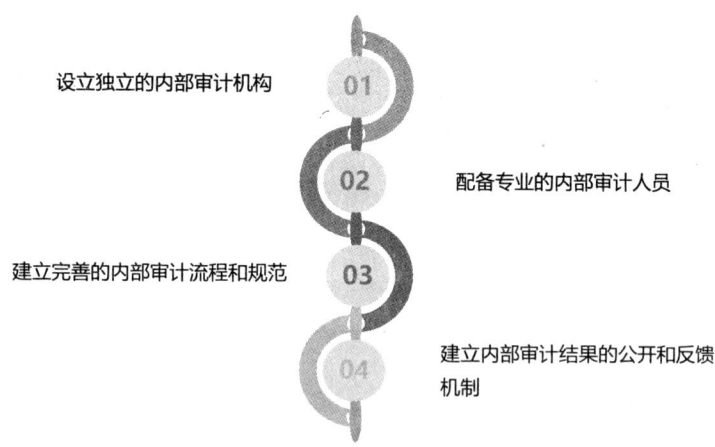

图 6-3 健全国企内部审计路径

（一）设立独立的内部审计机构

健全国企内部审计要设立独立的内部审计机构。国企在设立内部审计机构时，需要在组织结构、工作职责、决策权限等方面，为内部审计机构的独立性提供保障。

作为一个独立的机构，内部审计机构直接向企业的最高决策层汇报工作，避免了其他部门对审计工作的影响或干扰。同时，这也使得内部审计机构可以更加自由地对企业的各项业务进行审计，发现和预防风险。

内部审计机构的职责和权限必须明确。一方面，内部审计机构需要负责对企业的财务报表、内部控制、运营活动等进行审计，发现并防止可能出现的风险；另一方面，内部审计机构还需要对审计发现的问题进行整改，以减少或消除这些问题对企业的影响。同时，内部审计机构还需要对审计的过程和结果进行记录和报告，以便企业的决策者了解审计的情况，为决策提供依据。

在设立内部审计机构的过程中，还需要考虑到机构的规模和人员配置。根据企业的规模、业务范围和风险程度，企业需要设定合理的人员配置方案，保证内部审计机构有足够的人力资源进行审计工作。同时，还需要设定合理的组织结构，保证内部审计机构的工作效率和效果。

当然，一个机构的设立离不开必要的资源和支持。这包括提供必要的办公设施、审计工具、培训资源等，这些都需要国企提供，以保证内部审计机构可以正常、高效地进行审计工作。同时，企业还需要对内部审计机构给予足够的决策权，使其能够根据审计的需要，自主决定审计的重点、范围和方法。

（二）配备专业的内部审计人员

健全国企内部审计要配备专业的内部审计人员。这是因为内部审计工作需要专业的知识和技能，而这些知识和技能主要由内部审计人员来提供。因此，配备专业的内部审计人员，对于保证内部审计工作的质量和效果，具有至关重要的作用。

配备专业的内部审计人员，首要的是对人员的专业知识和技能有明确的要求。这些要求主要包括熟悉财务会计知识，了解企业的业务流程和内部控制体系，掌握审计的基本方法和技巧，具有良好的职业道德和职业操守等。只有满足这些要求，内部审计人员才能对企业的各项业务进行深入的审计，发现和预防风险。

为了保证内部审计人员的专业性，企业需要在人员选拔和培训上下功夫。在人员选拔上，企业需要设定严格的选拔标准，对应聘者的专业知识和技能进行全面的测试和评估，以确保选拔出的人员具有高水平的专业性。在人员培训上，企业需要定期对内部审计人员进行专业培训，更新他们的知识和技能，提高他们的审计能力。

另外，配备专业的内部审计人员，还需要企业建立一套有效的激励和约束机制。激励机制主要是通过提供各种福利待遇，激励内部审计人员积极工作，提高他们的工作效率和效果。约束机制主要是通过建立严格的工作规范和纪律，约束内部审计人员的行为，保证他们的工作公正、公平、公开。

(三)建立完善的内部审计流程和规范

健全国企内部审计要建立完善的内部审计流程和规范。只有通过科学、规范的流程,才能保证内部审计工作的有效进行,发现和预防风险。

内部审计流程主要包括审计计划的制定、审计工作的执行、审计报告的编制和审计结果的反馈四个阶段。

在审计计划制定阶段,国企需要根据风险评估的结果,确定审计的重点和范围。这需要国企对其业务、环境、风险等进行全面的分析和评估,以便确定审计的方向和重点。同时,也需要设定详细的审计计划,包括审计的时间、地点、人员、方法等,确保审计工作的顺利进行。

在审计工作执行阶段,国企需要采用科学的方法,对国企的财务报表、内部控制、运营活动等进行深入的审查。这包括对相关的数据和信息进行收集、整理、分析,以便找出可能存在的问题和风险。同时,也需要对审计发现的问题进行跟踪和处理,以减少或消除这些问题对国企的影响。

在审计报告编制阶段,国企需要对审计结果进行全面、准确、公正的报告。这需要国企对审计的过程和结果进行详细的记录,以便制作审计报告。同时,也需要对审计报告进行审阅和修改,以确保其内容的准确性和完整性。

在审计结果反馈阶段,国企需要将审计结果报告给相关的决策者,为他们的决策提供依据。这需要国企设立有效的沟通机制,确保审计结果的及时、准确的反馈。同时,也需要对审计反馈的结果进行跟踪和处理,以便对审计工作进行持续的改进。

建立完善的内部审计流程和规范,需要国企从审计计划的制定、审计工作的执行、审计报告的编制和审计结果的反馈等多个方面进行考虑和准备。只有这样,才能保证内部审计工作的有效进行,发现和预防风险。

（四）建立内部审计结果的公开和反馈机制

健全国企内部审计要建立内部审计结果的公开和反馈机制，这一机制可以提升内部审计的公信力和影响力，使内部审计成为国企风险防控的重要工具。

公开内部审计的结果，可以使国企的各个部门和员工了解到审计的情况，从而增强他们的风险防控意识。这需要国企设立有效的信息公开机制，保证审计结果的公开性和透明性。同时，也需要对公开的信息进行管理和保护，以防止信息的滥用和泄露。

反馈内部审计的结果，可以使审计对象了解到他们的工作存在哪些问题，需要做出哪些改进。这需要国企设立有效的反馈机制，保证审计结果的及时、准确的反馈。同时，也需要对反馈的结果进行跟踪和处理，以便对审计工作进行持续的改进。

三、健全国企外部监管

对于国企来说，外部监管是确保其经营活动合规，防控风险，实现可持续发展的重要手段。外部监管的主要目标是通过公正、透明、规范的监管机制，保护公众利益，避免国企行为对社会和经济产生负面影响。同时，外部监管也是一种管理手段，通过有效的监管，可以对国企的经营活动进行指导和纠正，推动其改进经营管理，提高效率，实现健康发展。

健全国企外部监管是一个系统工程，涉及法律法规、监管机构、监管手段、社会参与、风险防控、国企配合等多个方面。只有把这些方面都考虑到，才能建立起一套有效的外部监管体系，为国企的经营管理提供强有力的监管保障。在实际操作中，应根据国企的特点和实际情况，因地制宜，灵活应对，以期达到最好的监管效果。只有这样，才能推动国企遵守法规，规范经营，防控风险，实现可持续发展，为社会和经济的发展做出更大的贡献。

(一)需要一套完善的法规体系

健全国企外部监管,需要一套完善的法规体系,以法律的力量来规范和约束国企的行为。这包括制定相关的法律法规,设定国企的权利和义务,明确国企的经营范围和行为规范,规定国企的监管制度和监管手段等。

在制定法规的过程中,需要确保法规的公正性、公平性、科学性和可操作性。这意味着法规不仅需要在原则上明确规定国企的权利和义务,也需要在实践上提供具体的操作指导。同时,法规还需要有一定的灵活性,能够适应经济社会的变化,以及国企自身发展的需要。这就要求我们在制定法规的时候,不仅要考虑到当前的实际情况,也要考虑到未来的可能变化。

需要强调的是,国企作为国有资产的重要载体,既有追求经济效益的使命,也有服务社会公众的责任。因此,法规体系中需要包含对国企社会责任的详细规定,要求国企在追求经济利益的同时,充分考虑到社会的利益,确保经济发展和社会进步的协调一致。

(二)需要专门的监管机构

健全国企外部监管,还需要建立专门的监管机构,负责对国企的经营活动进行监督和管理,如政府审计机构[①]。监管机构的作用是对国企的经营活动进行持续、系统的监督和管理,保证国企按照法规的要求进行运作。

具体来说,监管机构的职责包括对国企的经营策略、业务流程、财务状况等进行审核,对存在的问题和风险进行识别,并提出改进建议或采取必要的干预措施。

监管机构需要具有足够的独立性,以避免受到任何外部因素的干扰。这就要求我们在设立监管机构的时候,必须保证其在组织结构、

---

① 陈颖琛,郑石桥.政府审计能降低国有企业财务风险吗[J].财会月刊,2022(21):93-100.

人员配置、决策流程等方面的独立性。同时，监管机构还需要具有专业性，这就要求其人员具有丰富的专业知识和经验，能够对复杂的经济问题进行准确的判断和处理。

此外，为了提高监管的透明度和公信力，监管机构还需要定期向社会公开其工作情况，包括监管目标、监管计划、监管结果等。公众和其他利益相关者可以通过这些信息，了解国企的经营情况，评估监管机构的工作效果，对监管工作提出建议和监督。

（三）需要有效的监管手段和机制

有效的监管手段和机制也是国企的外部监管的关键内容。监管手段和机制是监管机构执行职责的具体工具，决定了监管的效果和效率。

监管手段可以对国企的经营活动进行全方位、多角度、深入浅出的监管。一套有效的监管手段，包括定期审计、现场检查、数据分析等。这些手段需要具有科学性和可操作性，能够全面、准确地反映出国企的经营情况，识别出存在的问题和风险。

监管机制可以通过信息的公开和透明，责任的明确和追究，激励的合理和有效，推动国企遵守法规，提高经营效率，实现可持续发展。一套健全的监管机制包括信息公开机制、问责机制、激励机制等。信息公开机制可以增强国企的透明度，提高社会公众的了解和信任。问责机制可以明确国企和监管机构的责任，保证法规得到有效执行。激励机制可以鼓励国企和监管机构积极履行职责，提高监管和经营的效率。

（四）需要借助社会力量

国企的外部监管不仅需要政府和监管机构的参与，也需要社会公众、媒体、非政府组织等社会力量的参与。社会公众可以通过投票、投诉、举报等方式，对国企的经营活动进行监督。媒体可以通过报道、评论、专题研究等方式，揭示国企的问题，提高社会的关注度。非政府组织可以通过调研、咨询、倡议等方式，推动国企的社会责任实践。

社会参与的重要性在于可以提供更丰富、更多元的视角和信息，有助于发现和解决国企的问题。同时，社会参与也可以增强国企的公信力和社会影响力，提升国企的社会责任和形象。此外，通过与社会公众、媒体、非政府组织等的互动和合作，国企可以更好地了解社会的需求和期待，更有效地实现其社会责任。

为了更好地借助社会力量，国企需要建立一套完善的社会参与机制。这个机制应该包括公众参与的渠道、程序、权利和义务等，以保证公众参与的广泛性、有效性和公正性。同时，国企也需要建立良好的社会关系，积极与社会公众、媒体、非政府组织等进行交流和合作，理解并尊重他们的利益诉求，接受他们的监督和评价。

在这个过程中，国企需要积极地、主动地接受社会的监督，公开透明地展示其经营活动和社会责任实践。对于社会的建议和批评，国企需要认真对待，及时反馈，积极改进。只有这样，才能真正实现国企的社会责任，推动国企的可持续发展。

第七章　未来国企风险防控的发展趋势

第七章　未来国企风险防控的发展趋势

随着社会经济的快速发展，风险管理已经成为企业成功的关键因素。在未来，国企风险防控将会呈现出哪些新的发展趋势，将直接影响到国企的运营效率、盈利能力和社会影响力。因此，对这些发展趋势的理解和把握，对于国企风险防控的有效实施，具有重要的理论和实践意义。在可以预见的未来，大数据、云计算、人工智能等先进技术的广泛应用将带来的数智化，全面风险防控理念的渗透将促进国企更加注重系统化风险管理。同时，在全球化的背景下，企业之间的竞争和合作越来越密切，风险防控也需要寻求新的解决方案。这些趋势都值得进一步的探讨和研究。

第一节　数智化升级

一、数智化风控

（一）数智化风控的流程

数智化风控是指通过数智化技术和智能化手段，对风险进行识别、评估、预警、防控和应对。这包括数据采集、数据处理、数据分析、数据应用等各个环节，涉及大数据、云计算、人工智能、区块链等多种技术。数智化风控不仅可以提高风控的效率和精度，也可以提升风控的智能化和自动化水平，使风控更具前瞻性、实时性和决策性。

具体来说,数智化风控可以从以下几个步骤实现风控的升级和变革。

1. 数据采集

通过数据采集,可以获取到更丰富、更全面、更精确的风控信息,包括内部信息和外部信息,定性信息和定量信息,历史信息和实时信息,静态信息和动态信息等。这些信息可以为风控提供更充足、更有效的输入,为风控决策提供更科学、更准确的依据。

2. 数据处理

通过数据处理,可以对风控信息进行清洗、整合、转换等操作,消除信息的冗余和误差,提升信息的质量和价值。这可以为风控提供更精细、更准确、更可靠的信息资源,为风控的深度分析和高级应用打下坚实的基础。

3. 数据分析

通过数据分析,可以对风控信息进行统计、挖掘、建模等活动,揭示信息的规律和趋势,预测风险的可能性和影响,为风控提供更深入、更细致、更前瞻的洞察和见解。这可以为风控提供更高层次、更智能化、更自动化的决策支持,为风控的创新和优化提供无限的可能。

4. 数据应用

通过数据应用,可以将风控的理念和方法融入企业的各个环节和各个层次,使风控成为企业的一种常态和文化,为风控提供更广泛、更深远、更持久的影响和效果。这可以使风控成为企业的核心竞争力,推动企业的稳定运营和可持续发展。

(二)数智化风控的效能

未来,随着数字技术的发展和应用,国企的风控将越来越多地采用数智化的方式,实现风控的全面、精细、智能、自动。这将从以下几个方面体现出来。

第七章 未来国企风险防控的发展趋势

1. 风险识别更加全面精准

通过大数据、云计算等技术，企业将能够从海量数据中发现潜在的风险因素，包括那些传统方法难以识别的微小、复杂、隐蔽的风险。这不仅可以提升风险识别的覆盖率和敏感度，也可以提前预警和预防风险，减少风险的影响和损失。

2. 风险评估更加科学客观

通过人工智能、机器学习等技术，企业将能够对风险进行深度分析和精确评估，包括风险的性质、程度、可能性、影响等各个方面。这不仅可以提升风险评估的准确性和可靠性，也可以提供更科学、更全面、更深入的风险视图，为风险决策提供更强大的支持。

3. 风险防控更加智能化

通过自动化、智能化的风控系统，企业将能够实现风险的实时监控和动态管理，包括风险的发生、发展、变化等各个阶段。这不仅可以提升风险防控的效率和效果，也可以减轻风控工作的压力和负担，让风控人员可以更专注于更高层次、更复杂的风控任务。

4. 风险应对更加快速灵活

通过移动互联、物联网等技术，企业将能够实现风险信息的实时传递和快速响应，包括风险的报告、处理、反馈等各个环节。这不仅可以提升风险应对的时效性和实效性，也可以强化风险应对的协同性和整合性，形成全员、全程、全效的风控体系。

总的来说，随着数智化风控的发展，企业的风控将更加科学、精细、智能、全面，能够更好地应对日益复杂和多变的风险环境，为企业的稳定运营和持续发展提供更强大的保障。

二、数智化风控的热点——以国有银行为例

2022年初，中国人民银行印发《金融科技发展规划（2022—2025年）》，明确高质量推进金融数字化转型主要目标、强化金融科技审慎监管主线，力争到2025年实现整体水平与核心竞争力跨越式

提升重要任务,同时提出在跨主体数据安全共享隐私计算平台建设上,应用多方安全计算、联邦学习、差分隐私、联盟链等先进技术,建立相应规范,保障原始数据不出域、专事专用等原则下的共享、应用和数据安全保护,建立智能化风控机制,全面激活数字化经营新动能,同时强化金融科技治理和数字化监管能力建设,对金融科技创新实施穿透式监管,筑牢金融与科技的风险防火墙。

随后,中国银行保险业监督管理委员会发布《银行业保险业数字化转型的指导意见》,明确要求银行保险机构加强战略风险、创新业务的合规性、流动性风险、操作风险及外包风险等管理,同时防范模型和算法风险,强化网络安全防护,加强数据安全和隐私保护。

系列文件颁布实施,既标志着银行业正在进入有组织、成体系的数字化转型升级发展崭新阶段,又需要风控能力随之不断升级,并覆盖从传统业务数字化风控、到数字化新增风险要素的防控,以及对新技术应用、新要素风险管理等智能风控的方方面面,为行业数智化转型保驾护航[①]。

随着金融科技的发展,数智化风控已经成为金融行业的重要趋势和热点。在国有企业里,国有银行已经开始乘着这阵东风率先开始了数智化风控的实践。其数智化风控的热点包括以下几个方面:

反欺诈是国有银行数智化风控的重要部分。在数字化的支付环境中,虽然用户享受到了极大的便利,但也面临着欺诈、洗钱、套现等风险。例如,盗用他人信息虚假开户、伪造、变造银行卡、盗用账户等都是常见的欺诈手段。因此,国有银行需要借助大数据、知识图谱技术、智能社团算法和规则引擎、流计算、图计算等先进技术,对交易行为进行实时监控和分析,预警和识别欺诈风险。例如,通过对用户的设备信息、账户信息、交易行为和习惯进行分析,可以形成细化的风险标签和判断逻辑,实时预警和拦截欺诈行为。

信贷风控也是国有银行数智化风控的重要领域。在贷款业务中,

---

① 梁丽雯.大数据智能风控势不可挡[J].金融科技时代,2020,28(3):94.

国有银行需要综合考虑客户的账户余额、资金流向、交易对手、额度使用度、出账和还款频率等信息，以及人行征信、公积金、社保、税务、司法、工商等权威数据，以精准评估客户的信贷风险。此外，国有银行还需要通过对客户风险偏好、还款意愿和能力的动态监控，实现快速审批、差异化定价、灵活额度控制和及时风险升降级判断。

不过，数智化风控并非只关注反欺诈和信贷风控，还包括其他多个领域。例如，非法中介、非法集资、非法担保、挪用等行为都属于欺诈行为，也需要数智化风控的监控和防范。此外，随着数智化能力的提升，数智化风控也开始向脱落预警、流失挽留、营销推荐等领域延伸，成为服务、经营和风控一体化的重要工具。

数智化风控的另一个热点是整合内外部数据资源。在金融行业中，数据资源是最重要的资产之一，但往往这些数据散落在各个业务系统和部门中，难以形成统一和全面的视图。因此，国有银行需要将内部的交易数据、客户数据、风险数据等与外部的信用数据、公共数据、社交数据等进行整合，构建统一的数据平台和数据视图。这样不仅可以提高风险识别和管理的效率，也可以为业务决策提供更全面和精准的信息。

数智化风控还涉及科技与法规的紧密结合。在金融业务中，合规性是非常重要的。因此，国有银行需要将法规要求融入数智化风控的各个环节中，例如，数据采集、数据处理、数据分析、风险决策等都需要符合相关的法规要求。此外，国有银行还需要关注法规的变化，及时调整风控策略和方法，以保持合规性。

三、国有银行数智化风控的未来

随着科技的快速发展，尤其是人工智能、大数据、云计算、区块链等新一代信息技术的快速应用，国有银行正处在数智化风控的关键转折点。在这个过程中，国有银行将采取更科技驱动的方式进行风险管理，这种转变将对银行的经营模式和风控策略产生深远影响。

数智化风控并不是一个纯粹的技术问题，而是一个涉及战略、组织、业务和技术等多个方面的系统性问题。这就要求国有银行在数智化风控的过程中，要将风控思维贯穿到整个业务流程中。这不仅意味着要在业务设计、业务开展和业务评估等各个环节中考虑风险因素，更意味着要将风控的视角融入战略决策、产品开发、服务设计等各个层面。例如，银行在制定战略决策时，就需要考虑到风控的因素，把风险管理融入战略制定的全过程中，而不是把风控视为战略实施后的附加任务。这样，风险管理就从一种被动应对的状态转变为主动预防的状态，从而能够更有效地降低风险，提升风控效果。

同时，国有银行在数智化风控的过程中，必须把数据视为最重要的资产。这就要求银行需要投入大量的资源来收集、整理、分析和利用数据，建立健全的数据模型和算法，形成全面、精准和实时的风险视图。为了实现这一目标，银行需要建立一套完善的数据管理体系，包括数据的采集、存储、处理、分析和应用等各个环节，以确保数据的质量和安全。

另外，银行也需要利用先进的数据分析技术，如大数据分析、机器学习、人工智能等，对数据进行深度挖掘，提取出对风险管理有价值的信息，以便更精准地识别和管理风险。此还可以利用数据的力量，提升服务质量，增强竞争优势。例如，通过对客户数据的分析，银行可以更深入地理解客户的需求和习惯，从而提供更个性化、更精准的服务，提升客户满意度，增强客户黏性。通过对市场数据、竞争对手数据等的分析，银行也可以更准确地把握市场趋势，做出更科学的决策，增强自身的竞争优势。

数智化风控要求国有银行打破原有的业务边界，实现风控体系与业务体系的整合。传统的风控体系往往是基于业务线的，每个业务线都有自己的风控系统和风控团队，这种分散式的风控体系往往导致风控的效率低下，风险的识别和管理能力不足。为此，银行需要构建一个统一、集成的风控体系，实现风控的全面覆盖，提升风控的效率和效果。这就需要银行打破原有的业务边界,将风控体系与业务体系进行深度整合。例如,银行可以通过构建统一的数据平台,实现各业务线的数据共享,提升风控的数据基础。同时,银行也可以通过构建统一的风控平台,实现各业务线的风控策略和风控模型的共享,提升风控的策略和模型能力。

数智化风控还要求国有银行不断扩大业务应用范围。这不仅包括传统的金融业务,如贷款、投资、保险等,也包括非金融业务,如粮食仓储、农产品生产经营等。例如,银行可以利用大数据、云计算等技术,对粮食仓储业务进行智能化监控,实现粮食数量、品质的自动监测,提升仓储管理的效率和效果。同时,银行也可以利用卫星遥感、电子围栏等技术,对农产品生产经营过程进行实时监测,实现农产品的质量和数量的精确控制,提升农产品生产经营的效率和效果。

然而,随着数智化风控的深入推进,银行也需要更加重视对风控本身的风控。这是因为,随着科技的发展,银行的业务越来越依赖于数智化技术,如数据分析、云计算、人工智能等。这些技术为银行的业务提供了强大的支持,但同时也带来了新的风险,如数据泄露、系统故障、算法偏差等。因此,银行不仅需要使用数智化技术来管理业务风险,也需要管理这些技术本身带来的风险。这就需要银行构建一套全面、有效的科技风险管理体系,包括科技风险识别、评估、监控和应对等环节。

具体来说,银行需要建立科技风险识别机制,对可能导致科技风险的因素进行持续监测,如系统漏洞、数据异常等。同时,银行需要构建科技风险评估模型,对识别到的风险进行定量分析,评估其可能对银行业务和运营带来的影响。此外,银行还需要建立科技风险监控系统,对科技风险进行实时跟踪,及时发现和处理风险事件。最后,银行需要制定科技风险应对策略,对风险事件进行有效处理,减少其对银行的负面影响。

除此之外,国有银行在推动数智化风控的过程中,还需要构建防控风险传导蔓延的有利环境。在数智化、智能化的背景下,风险的传播速度和传播范围都在不断扩大,任何一个环节的风险都可能引发系统性风险,对银行甚至整个金融系统构成威胁。因此,银行需要构建一套风险传导蔓延的防控机制,防止风险的快速扩散和集聚。

具体来说,银行可以通过建立风险传导模型,模拟风险的传播路径和传播效应,预测风险的发展趋势,及时采取应对措施。同时,银行可以通过构建风险冲击缓冲机制,如风险备付金、风险保险等,提高应对风险冲击的能力。此外,银行还可以通过建立风险传导监控系统,对风险的传播进行实时监控,及时发现和处理风险事件。

2020年末,中国人民银行发布《基于大数据的支付风险智能防控技术规范》,要求通过风险防控策略、风险信息处理、支付风险评估、风险监测与决策、风险处置等五大模块,形成支付风险智能防控技术体系,其管理要义,同样值得在其他智能风控领域推而广之。

综上所述,随着科技和数智化的深入发展,国有银行已经开始面临着全新的挑战和机遇。未来,随着数据和科技的进一步发展,国有银行的数智化风控将会进一步深化和优化。在这个过程中,银行需要紧密结合自身的业务特点和风控需求,制定和实施具有前瞻性和实效性

第二节 系统化管理

一、系统化风险管理

在当今的商业环境中,风险无处不在。更重要的是,这些风险不再是孤立存在的,它们在企业的各个部门、各个业务中相互影响、相互纠缠。

传统的风险管理方法通常只关注某个特定的风险,往往忽视了风险之间的相互关联性。然而,风险并不是孤立存在的。一个部门的风险可能会影响到其他部门,一个业务的风险可能会波及其他业务。这

种风险的连锁反应可能会导致企业面临的风险总体上升，甚至可能引发一场危机。

系统化风险管理，就是在这样的背景下应运而生的，不仅关注单一的风险，而且考虑风险之间的关联性，从整体上评估和管理企业的风险。它将风险管理融入企业的日常运营中，使得风险管理成为企业文化的一部分。

系统化风险管理是一种全新的风险管理理念和方法，源自全面风险防控理念，但在实践中进行了深化和扩展。全面风险防控理念强调风险管理应全面、持续地贯穿于企业的各个环节和各个层面，而风险的系统化管理则进一步强调风险管理应以系统思维为指导，以风险的识别、评估、监控、控制和应对为主线，构建一个涵盖全企业、全过程、全领域的风险管理体系。

系统化风险管理的核心理念是将风险视为企业整体运营的一部分，而不是零散的、独立的事件，强调风险的互联性和相互依赖性。这种观念的改变，对企业风险识别、评估和管理方法的选择产生了深远影响。

系统化风险管理的实施，将有助于企业更全面、更深入的理解和应对风险，能帮助企业识别出潜在的风险，评估风险的可能影响，制定有效的风险应对策略。这将有助于企业在面对风险时，能够做出及时、合理的决策，从而避免或最小化风险的影响。

二、风险管理的信息系统对接

在信息化时代，企业的各个业务、各个部门都已经高度数字化，形成了各自的信息化系统。这些系统为企业的运营提供了大量的数据和信息，为企业的决策提供了重要的支持。如果将风险管理与这些信息化系统孤立开来，就无法充分利用这些数据和信息，也无法实现风险的全面、深入的管理。因此，国企要实现系统化的风险管理，就需要将风险管理系统与其他信息化系统对接起来，实现统一管理。

在未来，随着科技的进步，风险管理将越来越依赖于信息化系统。因此，建立一个与其他信息化系统紧密对接的风险管理系统，不仅是应对当前复杂风险环境的必要选择，也是迎接未来挑战的重要准备。

（一）风险管理的信息系统对接效益

具体来说，通过对接，国企可以实现以下几个方面的效益：

1. 实现风险识别的自动化和智能化

风险识别是风险管理的首要步骤，通过对接风险管理系统与其他信息化系统，可以充分利用大数据和人工智能技术，实现风险识别的自动化和智能化。风险管理系统可以自动收集、整理和分析各种业务数据，通过数据挖掘和深度分析，发现潜在的风险，从而大大提高风险识别的效率。同时，人工智能算法可以学习和识别出传统方法难以发现的潜在风险模式，帮助国企全面识别各类风险，如市场风险、操作风险和法律风险等。

2. 实现风险评估的精准化

风险评估是对风险的可能性和影响进行评估的过程。通过对接风险管理信息系统，国企可以利用各种业务数据进行数据建模和模拟，从而实现风险评估的精准化。系统可以采用统计学和概率分析方法，结合历史数据和实时数据，对各项风险进行定量评估。通过模拟不同的风险情景，可以更准确地评估风险的可能性和影响程度，为国企提供决策依据，优化资源配置，并制定相应的风险应对策略。

3. 实现风险应对的动态化

风险应对需要根据风险的变化情况，灵活地调整应对策略。通过对接风险管理信息系统，国企可以实时获取风险的变化信息，以及相关的内外部环境数据。系统可以通过实时监测和预警机制，及时发现和反馈风险事件，提供全面的信息支持。在风险事件发生时，系统可以自动触发相应的预案和控制措施，快速应对风险，并及时通知相关人员。这种动态化的风险应对将使国企能够更加敏捷地应对不断变化的风险环境。

4.实现风险管理的持续优化

通过对接风险管理信息系统,国企可以获取风险管理的反馈信息,用于持续优化风险管理。系统可以记录和分析风险应对的效果,评估风险管理的成本与效益,并生成相关的报告和指标。这些反馈信息可以帮助国企评估风险管理策略的有效性,并进行必要的调整和改进。通过持续优化风险管理,国企能够不断提高风险管理的效果,降低潜在风险对国企的影响,以及降低风险管理的成本。

(二)风险管理的信息系统对接措施

要实现风险管理与其他信息化系统的对接,需要从以下三个方面入手

1.建立一个统一的信息管理平台

在国企中,各个部门和业务领域都存在不同的信息化系统,这些系统包括财务系统、供应链系统、生产系统等。为了实现风险管理的有效对接,需要建立一个统一的风险管理平台。该平台将风险管理的各个环节集成在一起,包括风险识别、评估、应对等。通过统一的平台,不同部门和业务领域可以共享信息,形成全局视角,从而更好地识别和管理风险。

2.建立数据交换和共享的机制

为了实现风险管理系统的有效对接,需要建立数据交换和共享的机制。这样可以确保各个信息化系统之间的数据能够无缝流动,并为风险管理提供全面的信息支持。

建立数据交换和共享的机制需要考虑以下几个方面:

一是数据标准化,制定统一的数据标准和格式,以确保数据能够在不同系统之间进行交换和共享。这包括字段定义、数据编码规范等。

二是接口和集成,建立标准的接口和集成机制,使各个信息化系

统能够实现数据的实时交换和共享。这可能涉及系统的接口开发、数据格式转换等工作。

三是数据安全和隐私保护，确保数据交换和共享的安全性和隐私保护，采取必要的措施防止数据泄露和滥用。

通过建立数据交换和共享的机制，国企可以充分利用各个信息化系统中的数据，为风险管理提供更全面、更准确的信息支持。不同部门和业务领域之间可以实现数据的无缝传递，避免了信息孤岛的问题，从而能够形成更全面的风险认知和综合分析。

3. 建立风险信息的反馈机制

为了实现风险管理的闭环和持续改进，需要建立风险信息的反馈机制。这意味着将风险管理的结果、评估报告、应对措施等反馈给各个信息化系统，以便调整业务操作、改进业务流程，提高风险应对的效果。

建立风险信息的反馈机制需要考虑以下几个方面：

一是数据同步和更新，确保风险管理平台中的数据与各个信息化系统保持同步和更新，以便及时反馈最新的风险信息。

二是系统集成和自动化，通过系统集成和自动化的方式，实现风险信息的实时传递和更新。这可以通过建立数据接口、自动化报告生成和共享机制等来实现。

三是风险应对的调整和改进，根据风险管理的反馈信息，各个信息化系统可以及时调整业务操作和流程，改进风险应对策略，提高风险管理的效果。

通过建立风险信息的反馈机制，国企可以实现风险管理的持续改进和优化。不仅能够快速反应风险的变化和趋势，还可以及时调整和改进风险管理策略，提高风险应对的效果和企业的抗风险能力。

三、全维度大风控体系

2019年，国务院国资委出台以"强内控、防风险、促合规"为原则的政策意见,希望国有企业在日益复杂、高度不确定的环境中可以打破各风控职能边界,以更高效的方式推动风控融合体系运行,为企业实现战略及经营目标保驾护航。

近年来,很多国有企业在风控融合工作方面进行了探索和尝试,形成了有一定代表性的"多位一体"大风控体系。这正是系统化管理的一种体现。比如"风控+法审"构建法律风险防范体系,全面开展经济合同法律审查、投资项目法律尽调、国改基金等重大事项法律服务等各项法律风险防范工作。

在国有企业的大风控体系中,至少包含了风险管理、内部控制、合规管理三项内容,这些工作都是为了企业更好地管控风险、创造价值,工作内容有很大的共性,但是,在实际工作中,这些工作却是相互独立、割裂开展的。

对于未来国有企业风险防控的系统化管理发展趋势,可能会有以下几个方向:

首先,风险管理向全维度发展的趋势。在"多位一体"的大风控体系中,风险管理、内部控制、合规管理等职能不再是独立存在,而是相互关联、相互影响。这意味着风险管理需要从单一的风险点管理,转变为全维度的风险管理。全维度风险管理不仅需要关注企业内部的风险,也需要关注企业外部的风险。这需要关注企业的各个业务、各个部门,从全局的角度识别、评估、应对风险。这种全维度的风险管理,可以帮助企业在面对复杂、不确定的环境时,做出更全面、更准确的决策,从而实现企业的战略和经营目标。

其次,风险管理向深度融合发展的趋势。在"多位一体"的大风控体系中,风险管理、内部控制、合规管理等职能需要深度融合,形成一个统一、高效、智能的风险管理体系。这意味着风险管理需要与其他职能紧密结合,形成一个统一的风险管理流程。这种深度融合的风险管理,可以提高风险管理的效率,降低风险管理的成本,从而支持企业的稳定、健康发展。

最后，风险管理向人性化发展的趋势。风险管理不仅是一个技术问题，更是一个人的问题。在实施风险管理的过程中，需要关注员工的态度、行为和习惯，需要充分考虑人的因素。人性化的风险管理，可以增强员工的风险意识，提高风险管理的有效性。

第三节 风险防控模式创新

我国国企经过改革开放后四十多年的发展，逐步形成多种经营业态，具有规模经济和协同效应等优势，但由于多层级的国企治理结构和多元化的业务布局，国企也面临着风险复杂度高、传递性强、叠加效应大、信息不对称等难题，风险管理难度远高于一般企业，传统的管控模式难以直接套用。

放眼全球，国际上具有较强竞争力的同业无一不高度重视风险管控，均结合实践探索创新出一套契合自身发展的风险管理模式。在风险挑战与日俱增、风险形势空前严峻的今天，国企因地制宜构建"本地化"风险管理模式的内生需求十分迫切。

创新构建国企"三线四墙"全面风险管控模式是一种国企经营管理风险防控模式创新的有效路径。该体系通过建立严守业务经营、管理支持、审计监督的"三道防线"，以及筑牢战略、体制、制度、信息的"四道防火墙"，实现全面、协同的风险管控。

（一）三道防线

三道防线指的是严守业务经营防线、管理支持防线、审计监督防线。

1.第一道防线：业务经营防线

业务经营部门是风险防控的第一道防线，也是风险防范的第一责任人。其作用和重要性不容忽视。有效运行的第一道防线能够以最低的成本过滤和缓释八成的风险，发挥着不可替代的重要作用。

国企业务经营部门的角色是在业务操作层面，识别并评估各种可能的风险。这些风险可能来自市场变化、客户需求、技术更新、政策法规等方面。因此，业务经营部门需要具备丰富的专业知识和敏锐的市场洞察力，以便及时发现和应对风险。

业务经营部门需要具备一定的风险管理能力。这意味着他们需要了解和掌握风险管理的基本方法和工具，能够在日常的业务操作中，结合实际情况进行风险评估和控制。这样，不仅可以提高业务操作的安全性和稳定性，也可以提升整个组织的风险防控能力。

国企应更加重视第一道防线建设，推动风控职能下沉，完善末梢内控流程，促进风险文化向业务一线渗透。在具体操作中，可以通过组织培训、流程优化、系统建设等方式，提升前台业务经营部门的风险防控能力。例如，可以定期组织风险管理的专业培训，让业务人员了解并掌握风险管理的基本理念和方法；可以设计和优化业务流程，让风险管理的理念和方法真正融入日常的业务操作中；还可以建设和完善风险管理系统，利用信息化手段提高风险管理的效率和效果。

2. 第二道防线：管理支持防线

国企的第二道风险防线是矩阵式的，横向并列多个职能部门，纵向串联各个法人层级，与第一、第三道防线承启衔接，为风险防范提供专业的技术性支撑。这种防线结构旨在实现权、责、利的平衡统一，避免出现管控权限的交叉或空白。

横向上，风控部门是实施全面风险管理的牵头者，这包括了风险识别、评估、控制和监测等一系列活动。同时，战略、财务、人力、法律等相关部门也各司其职，共同参与风险防控工作。例如，战略部门需要考虑国企的长期发展和外部环境变化可能带来的风险；财务部门需要关注国企的财务状况和相关风险；人力资源部门需要关注人力资源的稳定性和员工行为可能带来的风险；法律部门需要关注国企的合规性和法律风险。

纵向上，国企需要在合规前提下制定与各级管理能力适宜的授权机制。这意味着，需要明确各级管理者的风险管理职责和权限，避免出现管控权限的交叉或空白。对于一些需要跨部门或跨层级处理的风险问题，还需要建立有效的协调和决策机制，确保风险管理的连贯性和一致性。

在实际操作中，国企可以通过制定详细的风险管理政策和流程，明确各部门和各级管理者的风险管理职责和权限；可以通过组织培训和考核，提升全员的风险管理意识和能力；还可以通过信息化建设，提高风险管理的效率和效果。

3. 第三道防线：审计监督防线

国企第三道防线除了具有审计功能外，还发挥纪检监察职能作用，审计稽核与纪检监督共同构成风险管理的第三道防线。

审计稽核在管"事"方面发挥作用，通过专项审计、跟踪审计和巡视巡察起到纠偏和警示作用。审计部门需要具备独立性和专业性，能够客观、公正的评价国企的风险管理状况，发现并指出存在的问题。同时，审计部门还需要有足够的权威性，能够推动问题的改正和解决。

纪检监察在管"人"方面发挥作用，通过执纪问责，增强风险监督的震慑力和约束力。纪检监察机关是国企的道德和纪律的守护者，它们需要监督员工的行为规范，防止出现违纪、违法等情况。对于一些严重的违纪行为，纪检监察机关需要有权进行处罚，以示警示和震慑。

实际上，审计稽核和纪检监察是相辅相成的。审计稽核可以发现和指出问题，而纪检监察可以对问题进行处罚和整改。这样，国企就可以从"事"和"人"两个方面，对风险进行全面的管控。

在实际操作中，国企可以通过建立完善的审计制度和纪检制度，提高审计稽核和纪检监察的效果；可以通过组织培训和考核，提高审计和纪检人员的专业能力和道德素质；还可以通过信息化建设，提高审计稽核和纪检监察的效率和效果。

（二）四道防火墙

四道防火墙指的是筑牢战略、体制、制度、信息四道防火墙。

1. 第一道防火墙：战略防火墙

战略防火墙是防控风险的第一道关卡，而且在整个风险管控体系中起着至关重要的作用。因为只有明确了正确的战略目标，才能够引导国企的发展方向，避免偏离主业，减少风险的产生。而战略防火墙的建设，需要国企明确自身的战略定位和发展目标。只有清晰了解自己的长期发展方向，才能制定出符合自身实际的战略规划。

国企要将自身的发展战略和国家的发展规划有效衔接。这一点对于国企来说尤为重要，因为国企不仅要考虑自身的利益，还需要贯彻国家的政策指导和发展规划。只有做到这一点，才能确保国企的发展与国家的大局同步，共同推进国家的经济社会发展。

有效的战略执行机制必不可少。有了明确的战略目标和规划，接下来就需要把这些规划转化为实际的行动。这就需要建立一套科学的战略执行机制，包括制定详细的工作计划、设立明确的责任人、建立有效的激励和考核机制等。只有这样，才能确保战略规划能够真正落地执行，推动国企的持续发展。

2. 第二道防火墙：体制防火墙

体制防火墙是防控风险的第二道关卡，主要关注的是国企的组织结构和治理机制。只有建立科学合理的组织结构和治理机制，才能有效地防控风险。而体制防火墙的建设，需要遵循集团适度多元、子公司专业化经营的原则。这个原则的核心，就是要保持国企的多元化发展，同时又要保证每一个子公司都能专注于自己的主业，避免出现资源的浪费和混乱的管理。在这个基础上，国企集团层面需要加强协同，提高整体运行效率。

国企要在股权结构上形成清晰简明的关系。这意味着需要明确每个股东的权益和责任，尽可能压缩管理半径，提升运行效率。同时，还需要强化扁平化管理，使得国企能够更快速地响应市场变化，提升决策效率。同时，国企需要建立全面覆盖、严谨合规的授权体系。这个体系应该包括各级管理人员的职权和责任，以及相应的制度和流程。这样可以保证集团总部能够紧抓系统性重要事项，而各个子公司则可以依据授权范围进行专业化经营。这样的授权体系，能够在确保风险防控的同时，提升国企的运行效率。

最后，国企要勇于创新开拓，提升治理能力。这包括引入先进的管理理念和方法，以及对现有管理模式的持续优化。这样，不仅可以提升国企的管理效率，也能够降低因管理不善导致的风险。

3. 第三道防火墙：制度防火墙

制度防火墙是防控风险的第三道关卡，其主要目的是通过规范操作，保障各项机制的有效运转。制度防火墙的建设需要建立严谨的风险管理制度。这个制度应该包括风险识别、评估、管理和控制的全过程，以及各级管理人员的职责和责任。只有这样，才能保证风险管理的全面和系统，避免因管理不善导致的风险。

国企需要建立有效的内控制度和完善的审计制度。内控制度是国企防控风险的重要手段，它能够保证国企的运行在法律和规定的范围内，防止出现违法违规行为。审计制度能够通过对国企的财务和经营进行独立的评估，及时发现和纠正问题，防止风险的发生。

4. 第四道防火墙：信息防火墙

信息防火墙是防控风险的第四道关卡，主要关注的是国企的信息管理和数据安全。在信息化、数据化日益重要的今天，建立健全的信息防火墙显得尤为关键。信息防火墙的建设需要确保信息共享的安全和合规。在当前的数字化时代，数据和信息已经成为国企最重要的资源。如何保证数据和信息的安全，防止数据泄露、滥用和攻击，是每个国企都必须面对的问题。因此，国企需要建立严格的数据保护制度和安全措施，包括数据加密、访问控制、数据备份等，以保证数据的安全。

另外，国企还需要建立科学的信息管理体系，确保信息的准确性和时效性。国企的各项决策和运营都依赖于准确和及时的信息，因此，国企需要建立一套信息采集、处理、传递和使用的规范流程，确保信息的质量和效率。

总结起来，国企"三线四墙"全面风险管控模式的创新性为国企提供了一种全面、协同的风险管理方法。这一模式以业务经营、管理支持、审计监督为三道防线，构建了具有深度和广度的风险防控体系；同时，通过筑牢战略、体制、制度、信息四道防火墙，进一步强化了风险防控的前瞻性和综合性。这样的风险防控体系设计，既照顾到了国企独特的业务环境和组织特性，又兼顾了风险管理的系统性和全局性，展现出强大的适应性和实效性。

展望未来，期待看到更多的国企积极探索和采用这一风险管控模式，通过强化内部风险管理，提升企业的抗风险能力和竞争力。同时，也希望看到，随着技术的发展和管理理念的进步，国企"三线四墙"全面风险管控模式能够不断创新和完善，为国企的风险管理提供更加强大的支持。

参考文献

[1] 龙登高，陈晓，李甘霖，等.信息时代中国国有企业风险管理 有限理性思维的运用 [M].北京：清华大学出版社，2022.

[2] 谢科范，袁明鹏，彭华涛.企业风险管理 [M].武汉：武汉理工大学出版社，2019.

[3] 余步雷.企业集团信用风险评估模型研究 [M].长春：吉林大学出版社，2020.

[4] 周玮，周苏妍.企业风险管理：从资本经营到获取利润 [M].北京：机械工业出版社，2020.

[5] 肖婷婷.区县国有企业内部控制研究 [D].重庆：重庆工商大学，2022.

[6] 尹俊霞.国有企业重组的财务风险控制研究 [D].昆明：云南财经大学，2022.

[7] 黄淮男.国有企业法律风险防范机制研究 [D].贵阳：贵州财经大学，2022.

[8] 黄晓玲.风险管理视角下 A 集团内部控制研究 [D].重庆：重庆工商大学，2022.

[9] 罗汀宇.国有企业党组织嵌入公司治理与企业风险研究 [D].北京：中央民族大学，2022.

[10] 曹珍珠.企业社会责任对企业风险承担的影响研究 [D].成都：西南财经大学，2022.

[11] 廖杏扬.国有企业大监督体系研究 [D].武汉：华中师范大学，2021.

[12] 王泷.社会资本、风险承担与企业创新投入的关系研究 [D].长春：吉林大学，2022.

[13] 李艳秋．S 国有集团内部控制优化研究 [D]．西安：西京学院，2022．

[14] 姚枢．公司声誉对风险承担的影响研究 [D]．大连：东北财经大学，2022．

[15] 王宁．非国有股东治理对国有企业风险承担的影响 [D]．北京：中国财政科学研究院，2022．

[16] 李光荣．国有煤炭企业全面风险特征分析与内涵界定 [J]．中国矿业，2016，25（12）：12-16，20．

[17] 李心合．企业内部控制研究的中国化系列之一企业内部控制的新解读 [J]．财务与会计，2022（1）：16-24．

[18] 崔罡，胡志成，张庆亮，等．国家电网风险内控合规一体化运行体系的探索与实践 [J]．财务与会计，2021（23）：31-34．

[19] 胡峰．从情报风险到风险情报：循证视阈下公共卫生应急情报风险湍流感知 [J]．情报科学，2022，40（4）：79-89．

[20] 王玉玲．企业降杠杆与金融风险防控 [J]．中国金融，2018（1）：59-61．

[21] 董木欣，徐玉德．国有企业数字化转型中的数据安全与治理路径：基于信息生态视域 [J]．财会月刊，2022（13）：132-136．

[22] 党济深．内控评价与内部审计融合发展的思考与实践 [J]．财会通讯，2021（13）：133-137．

[23] 罗威．高校内控建设与教工风险控制意识实证分析 [J]．会计之友，2019（2）：82-85．

[24] 李心合．企业内部控制研究的中国化系列之三内控流程的设计与再造 [J]．财务与会计，2022（6）：16-24．

[25] 林健宸．浅析中国企业对外直接投资风险防控 [J]．中国财政，2015（15）：72-73．

[26] 曾建军．基于数据安全的企业会计信息化风险防控问题探讨 [J]．财会通讯，2022（15）：135-140．

[27] 张素子．基于关联图谱的银行大数据风控体系构建研究 [J]．科学技术创新，2021（19）：88-90．

[28] 颜雨．商业银行下的大数据信贷风控策略探讨 [J]．财经界，2021（22）：85-86．

[29] 梁丽雯.大数据智能风控势不可挡[J].金融科技时代，2020，28（3）：94.

[30] 岳志岗.大数据在银行风控中的应用[J].数据，2021（10）：30-32.

[31] 杨诚.基于内控局限的行政事业单位风险管理[J].财务与会计，2021（22）：74-75.

[32] 张俊杰.特殊普通合伙会计师事务所内控环境建设研究[J].会计之友，2022（12）：40-46.

[33] 林伟.人工智能数据安全风险及应对[J].情报杂志，2022，41（10）：105-111，88.

[34] 杜琳，温圣军，袁刚.大数据在食品安全监管风险预警中的应用[J].食品与机械，2022，38（11）：82-85，124.

[35] 林凌，程思凡.识别数字化风险及多维治理路径[J].编辑学刊，2021（6）：19-24.

[36] 温国强，蔡卓弟，武秀文.以风险防控为导向优化电镀企业环境风险应急管理的研究[J].电镀与涂饰，2020，39（3）：171-175.

[37] 秦立强.基于财务管理的食品企业财务安全风险防控成本管理研究[J].食品研究与开发，2020，41（14）：231.

[38] 朱平芳，廖辉.并购商誉、公司治理与风险防控[J].安徽大学学报（哲学社会科学版），2022，46（3）：132-144.

[39] 程文改，李锐.基于大数据风控的融资租赁业征信体系建设研究：以粮油加工业为例[J].征信，2022，40（6）：64-70.

[40] 郑石桥，柯遵妍.管理层风险偏好与内控缺陷认定标准：基于盈余管理中介效应的检验[J].财会月刊，2022（19）：46-55.

[41] 陈颖琛，郑石桥.政府审计能降低国有企业财务风险吗[J].财会月刊，2022（21）：93-100.

[42] 王龙超，柴朝华，时昊怡.大数据智能风控平台的架构、设计与实现[J].大众标准化，2021（22）：67-70.

[43] 俞燕，戈彦丁.公立医院内部控制建设评价问题及对策探析[J].会计之友，2023（7）：81-86.

[44] 全传发，张斌.油气田企业生产安全风险一体化管控研究 [J].中国安全科学学报，2022，32（增刊2）：183-189.

[45] 刘少波，卢曼倩，张友泽.数字化转型提升了企业风险承担的价值吗？[J].首都经济贸易大学学报，2023，25（2）：61-80.

[46] 陈志刚，闫立，王浩杰，等.大型企业双重预防机制建设研究与实践：以中粮集团为例 [J].中国安全科学学报，2023，33（3）：27-34.

[47] 朱锦余，童琳，李玥莹，等.国有企业审计高风险领域分析及建议：基于政府《审计工作报告》[J].财会月刊，2023，44（10）：81-89.

[48] 凌新，孙明亮，肖松，陈华康.医药制造及一般化工类企业安全风险分级体系构建研究 [J].中国安全生产科学技术，2021，17（增刊1）：160-164.

[49] .应急管理部启动硝化企业专项整治问题落实情况"回头看"工作 [J].中国安全生产科学技术，2022，18（2）：197.

[50] 吴远巍，陈文涛，王星，等.基于风险评估基准的城市安全风险评估框架及方法研究 [J].安全与环境学报，2022，22（2）：582-587.

[51] 陈梦柳，潘红燕.林业企业财务风险内控建设研究：评《林业财务会计》[J].林业经济，2022，44（5）：103.

[52] 徐选华，刘莹，陈晓红.基于群体压力的大群体风险应急决策方法 [J].系统工程学报，2022，37（4）：460-476.

[53] 邹美凤，张力丹，张信东.企业数字化转型与审计风险 [J].中国注册会计师，2022（10）：35-41，3.

[54] 李胜.应急财政现代化的理论意蕴与实践路径：基于风险治理的视角 [J].现代经济探讨，2022（11）：52-62.

[55] 于华.提升突发金融风险应急演练成效 [J].中国金融，2021（1）：103.

[56] 李盟.矿山应急救援风险预控管理信息化探索：评《矿山事故应急救援指挥决策一体化信息平台关键技术》[J].中国科技论文，2022，17（11）：1321.

[57] 张昊.以大数据手段助力企业防范化解财务风险 [J].财务与会计，2022（20）：70-71.

[58] 张瑞央，张春侠.新时代化工企业的法律风险防控研究：评《化学物质管理法规》[J].化学工程，2023，51（1）：100.

[59] 谭小芬，王欣康，张碧琼.跨境资本异常波动的风险预警：基于机器学习视角[J].当代经济科学，2023，45（2）：13-27.

[60] 林璐.数字化转型背景下电力企业数据合规营销内控体系研究[J].价格理论与实践，2023（1）：194-198.

[61] 刘毓媛，李克靖.溶剂型涂料生产企业安全风险与隐患管理双重预防机制研究[J].涂料工业，2023，53（3）：84-88.

[62] 刘学娟，常如月，张静怡，等.考虑ESG表现的企业违约风险预警研究[J].金融理论与实践，2023（4）：45-57.

[63] 郑崇明，高梁.数据共享、数据风险与智慧城市的平台选择：基于深圳市S区的实证研究[J].理论与改革，2023（3）：1-14.

[64] 韩轶.企业刑事合规的风险防控与建构路径[J].法学杂志，2019，40（9）：1-8，149.

[65] 陈瑞华.论企业合规的性质[J].浙江工商大学学报，2021（1）：46-60.

[66] 刘卫华，张杰.企业集团税务风险内控机制研究：基于财务集中管理视角[J].财会通讯，2017（8）：110-115.

[67] 孙红梅，雷喻捷.大数据、人工智能环境下内控风险及防范探索[J].会计之友，2019（13）：118-122.

[68] 刘少波，梁晋恒，张友泽.大数据技术视阈下银行信贷风险防控研究[J].贵州社会科学，2020（12）：121-128.

[69] 黄华.企业风险承担与内部控制：从"灵丹妙药"到"机会主义"[J].经济与管理研究，2019，40（7）：116-127.

[70] 王凡林.大数据环境下的内部控制体系重构[J].会计之友，2020（10）：2-7.

[71] 张悦，杨乐，韩钰，等.大数据环境下的审计变化、数据风险治理及人才培养[J].审计研究，2021（6）：26-34，60.

[72] 唐林垚.数据合规科技的风险规制及法理构建[J].东方法学，2022（1）：79-93.

[73] 李心地.人工智能在企业财务风险防控中的应用：基于大数据环境[J].财会通讯，2021（22）：137-142.

[74] 周少燕，安存红. 风险投资、内部控制缺陷与审计收费 [J]. 财会通讯，2020（13）：67-72.

[75] 赵爽. 国有企业绩效管理与廉政风险防控问题探究：基于程序理性与结果理性视角 [J]. 财会通讯，2020（14）：119-122.

[76] 党济深. 内控评价与内部审计融合发展研究：以中国神华为例 [J]. 财务与会计，2020（11）：35-39.

[77] 陈寅飞. 精准营销+风控，大数据"画"出银行业务新场景 [J]. 现代商业银行，2020（1）：52-55.